... etwas vom Pferd!

Früh übt sich, wer ein Meister werden will!

Beiträge zur Langenhagener Lokalgeschichte

Nr. 4

# ... etwas vom Pferd

## Pferdemarkt und Pferdehandel
## in Langenhagen

## Impressum

Bibliografische Information der Deutschen Nationalbibliothek:
Die Deutsche Nationalbibliothek verzeichnet diese Publikation
in der Deutschen Nationalbibliografie; detaillierte bibliografische Daten sind im Internet über www.dnb.de abrufbar.

© Hans-Jürgen Jagau 2017
Herstellung und Verlag:
BoD – Books on Demand, Norderstedt
ISBN 9783744800440

## Vorwort

Langenhagen darf sich inzwischen wieder mit einigem Recht als „Pferdestadt" bezeichnen. Im Verlauf der Geschichte waren dieser Ort und das gleichnamige Amt über Pferdehandel und –händler zeitweise wohlbekannt. Wie und warum dies so war, zeige ich in dem Band „… etwas vom Pferd". Im Folgeband „ … mehr vom Pferd" kann die Geschichte des Pferdes vom Arbeitstier zum Sport- und Freizeitpferd mit speziellem Blick auf Langenhagen nachgelesen werden.

Benutzte Quellen sind in den Endnoten zu finden. Fußnoten enthalten Erklärungen, die zusätzliche Informationen zum besseren Verständnis des Textes geben.

Viel Freude beim Lesen und Entdecken!

Hans-Jürgen Jagau

## Pferdehandel und Pferdemarkt in Langenhagen

Das an sich unbedeutende Dorf Langenhagen war über einige Jahrhunderte durch Pferdehandel weit und breit bekannt. So wurde in der sehr umfangreichen „Geographie für alle Stände" im Jahr 1807 zum Stichwort „Langenhagen" noch ergänzt: *„welches erhebliche Pferdezucht und Pferdehandel unterhält"*. Dieses Dorf Langenhagen bestand aus drei Bauerschaften: Krähenwinkel, Kircher Bauerschaft und Langenforth. Es zählte 1807 nur 136 *„schatzpflichtige" Hofstellen*[1]. Nur diese waren so ertragreich, dass sie überhaupt besteuert werden konnten. Man darf sich Langenhagen damals nicht als wohlhabenden Ort vorstellen. Wie kam es aber dazu, dass hier ein solcher Schwerpunkt des kostspieligen Pferdehandels entstand? Es lag sicher nicht an besonderen Vorteilen, die der Ort bot. Es waren in erster Linie sehr unternehmende Menschen, die enorme Risiken größeren Handels auf sich nahmen. Weniger bedeutende Händler wollten dagegen ein Zubrot durch Verkauf einiger Pferde erwerben.

©Langenhagen Stadtarchiv

Einen Ruf als Platz für Pferde hatte das Dorf schon viel früher erworben. Der preußische König Friedrich Wilhelm wies nämlich 1725 in einem Befehl darauf hin, dass dringend benötigte Pferde in Langenhagen, Celle oder Hamburg zu erhalten wären[2]. Ihm war nicht verborgen geblieben, dass das 1717 gegründete Dragoner Regiment des Obersten Achaz von der Schulenburg seinerzeit nur über 70 Pferde für 450 Dragoner verfügte. Eigentlich hätten alle beritten sein sollen, denn ohne Pferd ist Dienst in der Kavallerie nicht so recht sinnvoll. Allerdings war Kavallerie wegen der kostspieligen Pferde eine ziemlich teure Truppe. Deshalb war das Schulenburgsche Dragonerregiment keineswegs das einzige, in dem die meisten Dragoner noch zu Fuß gehen mussten. Außerdem gab es in der Nähe augenscheinlich nicht genügend Pferde zu kaufen. Aber es gab ja das Dorf Langenhagen mit seinen Pferdehändlern.

Die früheste Meldung über Pferdehändler in Langenhagen fand ich in Prozessakten wegen Pferdediebstahl aus den Jahren 1618 – 1619. Angeklagt war der aus Scharrel gebürtige Langenhagener Koppelknecht Jost Engelcke. Näheres zu dem Kriminalfall ist weiter unten zu finden. Jost Engelke trieb einen kleinen Pferdehandel mit Engelke Engelken, Jobst Franke und Hans Baumgarten aus Langenhagen, mit denen er die meiste Zeit gereist war. Interessant ist der Blick auf ihre umseitig angezeigten Handelswege. Schon damals waren Orte in Schleswig-Holstein, wie Itzehohe und Kiel, Buxtehude bei Hamburg, Kassel im Hessischen, Uelzen im Lüneburgischen und Keddinghausen in Westfalen Anlaufpunkte dieser Pferdehändler und ihrer Koppelknechte. Es sollte lange Zeit dabei bleiben.

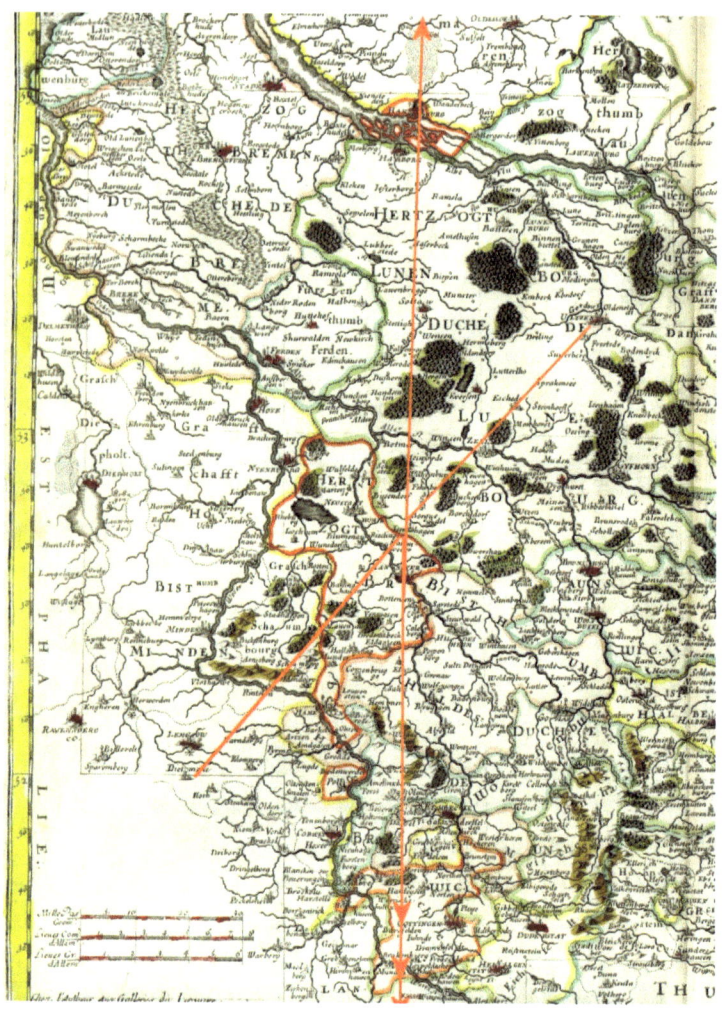

Auf dieser französischen Karte von Basse Saxe [Niedersachsen] aus dem Jahr 1690 sind Reiseziele Langenhagener Pferdehändler vom Anfang des 17. Jahrhunderts eingezeichnet. Kiel lag am weitesten im Norden, Kassel am weitesten im Süden. Holstein war wichtiges Zuchtgebiet. Dort wurden Pferde gekauft.

Andere Namen stehen im „Dorftaxregister" (Steuerregister) aus dem Jahr 1652: *„Hans Hagemann handelt zu Zeiten mit Pferden, Casper Ehlers handelt zu Zeiten mit Pferden, Daniel Sievers handelt zu Zeiten mit Pferden"*. Diese Händler waren Kleinbauern oder weichende Erben auf Meierhöfen. Sie konnten durch den Handel zusätzlich etwas verdienen, denn die Landwirtschaft warf in der Regel nicht viel Bargeld ab. 1665 wurden Christoff Berner aus „Kreyenwinkel", Daniel Bodenstab, Hans Hagemann und Caspar Eilers [Ehlers] aus der Kircher Bauerschaft in dem Register verzeichnet. Der Pferdehandel des Christoff Leseberg aus Engelbostel „ging ab" und wurde nicht mehr besteuert. Pferdehändler mussten in der Regel mehr bezahlen als Vollmeier, welche die größten Bauernhöfe besaßen. Der Handel dürfte demnach lukrativ gewesen sein.

Über den Pferdehandel im 15. und 16. Jahrhundert gibt es allgemein nur wenige Nachrichten. Die für den Zeitraum von 1400 bis 1500 dokumentierten Pferdekäufe des Göttinger Rates zeigen, dass der Pferdehandel schon damals sehr weiträumig angelegt war. Hauptorte des Zukaufs waren Lübeck mit über 40 Pferden, Deventer, Stade, Braunschweig Leipzig, Kassel. In Hannover wurden nur 2 Pferde erworben. Langenhagen kam als Handelspartner noch nicht in Frage. Das sollte sich erst im 17. und 18. Jahrhundert ändern.

Über den Markt in Hildesheim gibt das Jahrmarktsprotokollbuch der Stadt Hildesheim stellenweise Auskunft[3]. Auf dem Johannismarkt 1663 wurden 15 Pferdehändler protokolliert. Darunter *Julius Behrens und Hanß Morhoff von Langenhagen* (vermutlich eine Wirtschaftsgemeinschaft), *Ludecke Baum-*

*garten von Engelbößel* [Engelbostel], *Tile Körver und Hermann Schmidt von Osterwohle* [Osterwald], *Cord Ewers, Hans Meyer. Michel Behrens, Cord Hase. Lüdicke Pist, Alpert Kohne, Hanß Schröder, Hinrich Plumhoff, Hinrich Engelking und Hanß Engelking von Osterwohle.* Es ist möglich, dass die Erstgenannten aus dem Ort Osterwald in der Region Hannover kamen, die anderen aus dem näher bei Hildesheim gelegenen Osterwald, heute Ortsteil von Salzhemmendorf. Osterwohle – heute Ortsteil von Salzwedel – kommt eher nicht in Betracht, da es zur damaligen Zeit ein adeliges Gut ohne größere Bauernhöfe für die Zucht war. Nur drei Händler stammten aus dem heutigen Langenhagen, man darf man unterstellen, dass die Bedeutung des hiesigen Pferdehandels seinerzeit nicht so überragend war, wie gelegentlich angenommen wurde. Diese Qualität konnte erst deutlich später dem Handel mit Pferden für militärische Zwecke zugemessen werden.

Im Jahr 1686 fielen zwei Händler aus Langenhagen unangenehm auf. Sie hatten die Zeche für Unterkunft und Verpflegung in Hildesheim nicht bezahlt und wurden vom Marktgericht notiert. Aus dieser Marginalie kann man zusätzlich die Information ableiten, dass die Entfernung bis Hildesheim etwa einer Tagesreise entsprach. Die Händler reisten also an einem Tag von Langenhagen zum Markt, übernachteten, erledigten ihre Geschäfte und reisten dann wieder zurück. Bei Pferdetransporten von oder bis nach Itzehoe und Kiel dauerte die Reise dann entsprechend länger und bedeutete damit auch wesentlich höhere Kosten für Ross und Reiter bzw. Koppelknecht.

In der Kopfsteuerliste für das Amt Langenhagen aus dem Jahr 1689 wurden relativ viele Pferdehändler ausgewiesen. Sie waren in der Regel, wie oben angeführt, Besitzer oder Mitbewohner kleinerer Höfe, die sich über den Handel ein Zubrot verschafften. Wenige wohlhabende Rosshändler wurden mit sechs oder im Fall von Jürgen Plinke aus Langenforth sogar acht Reichstalern Kopfsteuer belegt. Damit mussten sie etwa das Doppelte im Vergleich zum einfachen Vollmeier bezahlen. Da die Höhe der Kopfsteuer einen gewissen Bezug zum Einkommen haben sollte, kann man ermessen, dass Händler wie Plinke ganz gut gestellt waren. Von den zwölf im Amt Langenhagen besteuerten Rosshändlern lebten sechs in der Kircher Bauerschaft, wo auch der Pferdemarkt stattfand. Herzog Friedrich Ulrich privilegierte die Langenhagener mit diesem Markt im Jahr 1618. Dazu weiter unten mehr. Langenhagen war damals wohl klein, aber „oho"!

In der ab 1773 von Johann Georg Krünitz veröffentlichten „Oeconomischen Encyclopädie" wurde Langenhagen auf diese Weise beschrieben: *„**Langenhagen**, eine hannoverische Amts=Vogtey im Fürstenthume Calenberg, wobey ein großes Dorf gleichen Nahmens liegt, welches sich fast 1 Meile in die Länge erstreckt, und aus einer einzigen Reihe gut und zum Theil prächtig gebaueter Bauern=Häuser besteht. Es wohnen daselbst viele Roß=Händler."* Diese Aussage führte in unserer Zeit zum Irrtum, Langenhagen sei ein reiches Dorf gewesen. Das war, wenn wir dem kenntnisreichen Amtsschreiber Wyneken vertrauen, keineswegs der Fall. Er schrieb in seiner Chronik, die er zur Mitte des 18. Jahrhunderts verfasste, dazu nämlich Folgendes:

*„Es können demnach die wenigsten Einwohner allein und bloß vom Ackerbau leben, sie treiben demnach Neben-Gewerbe und zwar erstens*

> *durch das Torf-Moor, deren zwei sind, zu Bothfeld und Kaltenweide. Auf diese Möhre hat ein jeder Einwohner seinen angewiesenen Platz und kann von selbigen die Törffe verkauffen.*
>
> *Der zweite Nahrungszweig ist der Pferdehandel, wodurch ehemals wegen der vielen reichen Roßhändler in Langenhagen dieses Amt gleichsam berühmt war, welches sich itzo indes leider ganz anders verhält.*
>
> *Mit diesem Handel können sich nur hauptsächlich die bemittelten unter den Einwohnern abgeben, theils wegen der großen dazu erforderlichen Geld-Anlage, theils wegen der mancherley Nachtheile und risico, so dieser Handel unterworfen ist. Viele unter ihnen haben dann und wann Pferdelieferungen an auswärtige Höfe und absolvieren theils einzeln vor sich, theils in unter sich verbundene Gelegenheit, mit Wegführung der Pferde als Koppelknechte ihr Brodt zu verdienen.*
>
> *Der dritte Nahrungszweig ist die Branntweinbrennerey, deren hauptsächlich in Engelborstel verschiedene sind, wiewohl imgleich mehrere sich auf den Roßhandel legen.*
>
> *Diejenigen, so weder Pferdehandel noch Branntweinbrennerey treiben, sind die eigentlichen sogenannten Torf-Bauern. "*

Die wirtschaftlich herausgehobene Bedeutung des Ortes ist allein dem hier betriebenen Pferdehandel zuzuschreiben. Wyneken sah die damit verbundenen Probleme deutlich. Zum Ankauf der Pferde war erhebliches Kapital nötig, das die Händler nicht selbst besaßen, sondern leihen und verzinsen mussten. Diese Einschränkung betraf besonders die angeführten gelegentlichen Lieferungen an „auswärtige Höfe". Diese durchaus großen Geschäfte waren aber mit entsprechendem Risiko behaftet. Wyneken dürfte das finanzielle Problem der Rosshändler Schaumann und Peters aus dem Jahr 1735 gekannt haben. Dieser bedeutsame Handel wird weiter unten genauer untersucht.

Neben dem für den Ankauf der Pferde nötigen Kapital, muss man auch die Kosten beachten, die durch den Handel über weite Strecken entstanden. Die Koppelknechte beanspruchten ihren Lohn. Die Pferde brauchten Futter und Stall auf den teilweise weiten Wegen zu den Abnehmern. Zudem war es in vergangenen Jahrhunderten keineswegs erlaubt, Pferde auf der gemeinen Weide eines anderen Dorfes grasen zu lassen. Da kamen – wie im zweiten Band beschrieben wird – schon enge Nachbarn „ins kurze Gras". Futter war in aller Regel knapp und musste unterwegs bar bezahlt werden. Die Reisen zu und von den Märkten bedurften sorgfältiger Vorbereitungen, damit die Händler mit ihren Koppelpferden in den Abständen einer Tagesreise Unterkunft und Futter vorfanden. Einen Hafersack konnte man sicher auf Pferderücken mitnehmen. Das notwendige Raufutter war dagegen in Zeiten ohne Pressballen zu voluminös. Eine Tagesreise mit zusammen gekoppelten Pferden dürfte 40 – 60 km weit geführt haben. Die kürzeste Strecke von Langenhagen nach Kiel beträgt 240 km. Die Reise dorthin war also in vier bis sechs Tagen zu schaffen, wenn man nicht durch schlechte Wege, Zollstellen, Wirtshausbesuche und dergleichen zu sehr aufgehalten wurde. Wollte man die Pferde unterwegs grasen lassen, dauerte die Reise viel länger. Außerdem musste man immer damit rechnen, dass erboste Bauern, die das Gras für ihr eigenes Vieh beanspruchten, diese Pferde kurzweg beschlagnahmten. Eine derartige Streitigkeit, allerdings wegen des Futters für zwei Ochsen, war im 16. Jahrhundert Anlass für die fatale Bauernfehde in Langenhagen.[4]

Amtsschreiber Wyneken notierte um 1750 in seiner Beschreibung des Amts Langenhagen, dass Langenhagen nicht mehr so wie einst durch reiche Pferdehändler berühmt sei. Das dürfte für die Mitte des 18. Jahrhunderts auch zutreffen. Da jedoch große Kriege kommen sollten, entstand wenige Jahre später großer Bedarf an Pferden, was den Langenhagener Handel erneut zu ungewöhnlicher Blüte brachte.

## Langenhagener Handel mit Militärpferden

Pferde hatten über einen sehr langen Zeitraum von der An-
tike bis zur Neuzeit sehr hohen militärischen Wert. Ohne Be-
spannung konnten keine größeren Mengen an Nahrung, Futter und Kriegsmaterial auf längeren Strecken schnell transportiert werden. Der Reiter erhob sich nicht nur augenscheinlich
wie nominell über das Fußvolk, er war auch in vielen militärischen Belangen deutlich überlegen. So wurde über Jahrhunderte immer wieder großer Wert auf berittene Formationen,
die Kavallerie, gelegt. Das im Amt Langenhagen in Garnison
liegende Dragoner-Regiment war eine solche Formation. Die
Dragonerstraße im früher zum Amt gehörenden Vahrenwald
erinnert noch heute daran.

Für Pferdehändler waren Militärpferde oft lukrativ, denn sie
waren deutlich teurer als gewöhnliche Ackergäule. Sie sollten

dafür jedoch höheren Anforderungen genügen. In vielen Fällen konnte man sie nur schwer in ausreichender Zahl und Güte beschaffen. Zudem war der Handel mit ihnen auch riskant, weil die kenntnisreichen Aufkäufer angebotene Remonten in der Regel sehr kritisch beurteilten. Einige Beispiele zeigen, dass selbst erfahrene Pferdehändler ihre Rosse nicht zum geforderten Preis verkaufen konnten. Sie mussten es dann anderweit versuchen oder die Remonten mit Verlust abgeben.

In dem Ausgang des 18.Jahrhunderts weit verbreiteten Lexikon, dem „Krünitz", ist zu lesen: *„Remonte heißen diejenigen Pferde, welche zum Ersatz des Abganges der im Kriegswesen nöthigen Pferde angeschafft und gebraucht werden. Das Remontiren oder Ergänzen dieses Abganges geschieht bey den europäischen Heeren entweder durch Aufziehen der Pferde in eignen Militärgestüten, oder durch Aufkaufen im In= oder Auslande."*

Diese Remonten sollten ausgewachsene vier- noch besser fünfjährige Pferde sein, was aber aus Mangel an geeigneten Tieren selten der Fall war. Die Züchter hätten in diesem Fall das Pferd vier oder fünf Jahre lang mit erheblichen Kosten füttern und pflegen müssen und wären bei den von den Ankaufs-Kommissionen gebotenen Preisen nicht zurechtgekommen. In Preußen behalf man sich daher mit Remonte-Depots, in denen jüngere Pferde ein bis zwei Jahre lang gehalten, gefüttert und bewegt wurden, so dass sie einen kräftigen Körper bei guter Konstitution entwickeln konnten. Um 1830 bestanden dort sieben Depots. Dort wurden bis zu 800 junge Pferde herangebildet. Um 1900 brauchte man im Deutschen

Reich jährlich etwa 11.000 Remonten bei einem Bestand des kaiserlichen Heeres von 98.000 Pferden. Die Reitpferde für Offiziere sowie die Kavallerie waren in der Regel Warmblüter wie ostpreußische Trakehner oder Hannoveraner. Im Dienst verblieben die Pferde etwa 10 Jahre und wurden dann im Alter von 14 oder 15 Jahren wieder verkauft. Sie konnten dann noch eine Weile als Reit- oder Zugpferd ihren Hafer verdienen. Ein Gnadenhof, wie heute üblich, war allerdings nicht ihre letzte Station.

Aus Langenhagener lokalhistorischer Sicht war der Pferdehandel mit Militärpferden besonders bedeutsam. Dazu geben verschiedene Dokumente einen Einblick, der weit über das hinaus geht, was Heimatforscher bisher dazu publiziert haben.

Ein Risiko dieses speziellen Handels erwuchs aus vielfältigen Bestimmungen der Landesfürsten, die das Geschäft regulieren wollten. Oft wurde der Handel außer Landes verboten, so dass die Pferde nicht mehr an zahlungskräftige, ausländische Kunden verkauft werden konnten. Im damaligen Deutschland, das in viele kleine und kleinste Herrschaftsgebiete aufgeteilt war, stießen im großen Maßstab agierende Händler – wie einige aus Langenhagen - da schnell an Grenzen. Stets musste Zoll bezahlt werden. Beides Gründe für gewiefte Händler die geländegängigen Pferde auf verschwiegenen Wegen am Zoll vorbei und ggf. verbotswidrig außer Landes zu bringen. Außerdem wollten die fürstlichen Verwaltungen genau wissen, welche Geschäfte mit den wertvollen Pferden im Lande getätigt wurden. Derartige Bestimmungen vom 17. bis zum 19. Jahrhundert sind in Akten der Stadt Burgdorf[5] überliefert:

*Von Gottes Gnaden Christian Erwälter Bischoff des Stifts Minden,*
*Herzog zu Braunschweig und Lüneburg*
*Ehrbar Rahtt, Lieber getreweer, Weill die Pferdedieberey hin und*
*wieder fast überhand nimbt, Alß begehren wir hiermit gnedig und*
*wollen, daß zu verhint- und abwendung alles unterschleifs und*
*ungleichen verdachts ein jeder, so ein Pferd kaufft, neben dem*
*Verkäuffer sich vor dem Ambtt, Vogtey, oder auch Bürgermeister*
*und Raht in den Städten, welches ortts contrahirt wirdt, allemahl*
*angeben, und von denselben einen beglaubigten schein, Urkundt und*
*Paß nehmen, denselben auff allen posten vorzeigen, an dem letzten*
*aber, unser Fürstenthumb und Lande von sich geben und hinterlassen,*
*und diese unsere Verordnung von allen Cantzeln zu menniglicher*
*Kundtschafft abgekündiget, auch darüber steiff und vest gehalten*
*werden solle.*
*Daran beachtestu unser gnedige meinung, und wir sint dir mit gnaden*
*geeigt. Dat. uff unser Vestung Zell, den 15. Juny ao 1630*

> *Christian mpp**\***

(Handschrift an alle Amtsträger des Herzogtums)


Über den hier beschriebenen Pferdepass konnte man den
Handel im Lande, insbesondere aber die Ausfuhr genauestens
kontrollieren. Pferdepässe wurden deshalb von da an immer
wieder gefordert. Zum Zeitpunkt obiger Verordnung ging der
Dreißigjährige Krieg in das 12. Jahr. Der erwähnte Pferde-

---

\* Christian der Ältere, Herzog von Braunschweig und Lüneburg
(\*November 1566; † 8. November 1633) war Administrator des
Bistums Minden und von 1611 bis 1633 Fürst von Lüneburg. Er be-
trieb eine vorsichtige, eher neutrale Politik im Dreißigjährigen Krieg
und hatte daher auch Interesse, den Handel mit den kriegswichtigen
Pferden zu kontrollieren.

diebstahl dürfte durchaus an der Tagesordnung gewesen sein. Allerdings waren es häufig – wie im zweiten Band berichtet – eigene Truppen, die den Bauern Pferde wegnahmen.

Rund 70 Jahre später wollte Herzog Georg Wilhelm im Fürstentum Lüneburg[*], das bekanntermaßen am Lauf der Wietze an Amt und Ort Langenhagen angrenzte, weiterhin den Handel mit Pferden kontrollieren. Am 23. Januar 1702 erließ seine Kanzlei eine Erneuerung und Bekräftigung des Verbots, Pferde außer Landes zu verkaufen. Die Wiederholung einer solchen Verfügung lässt darauf schließen, dass sie von den Händlern nicht so recht eingehalten wurde. Damit sich keiner damit herausreden konnte, er habe nichts davon gewusst, wurde das Verbot diesmal im Druck öffentlich ausgehängt und nicht nur von den Kanzeln verkündet. Folgende Bestimmungen sollten dem Schleichhandel mit Pferden Einhalt tun:

1. *Es dürfen keine Pferde außer Landes verkauft werden, zudem ist verboten, Pferde an auswärtige Roß-Händler zu verkaufen. Bei Verstoß werden die Pferde konfisziert sowie eine Strafe von 50 Rthlr verfügt.*

2. *Alte und nach amtlichem Augenschein für untauglich befundene Pferde dürfen jedoch verkauft werden. Ihnen muss jedoch ein Pass mit genauer Beschreibung des Pferdes beigegeben werden.*

3. *Erneuerung der Verordnung, dass durch das Fürstentum passierende Pferde nur auf bestimmten Heerstraßen*

---

[*] Erst 1705 wurden die Fürstentümer wiedervereinigt.

*geführt werden dürfen. Außerdem müssen Pferde-Pässe verwendet werden. Der Weg muss immer über Celle führen, dort ist der Pass vorzulegen. Die Passierscheine dürfen nicht länger als 6 Tage gelten. Für die Scheine sind Gebühren fällig: unter 6 Pferden 4 ggr, bis 12 Pferde 6 ggr, bis 20 Pferde 8 ggr, bis 50 Pferde 12 ggr. bis 100 Pferde und darüber 16 ggr.*

Die angedrohte Strafe von 50 Reichstalern war sehr hoch, denn zu dem Wert des beschlagnahmten Pferdes kam noch in etwa die gleiche Summe hinzu. Auswärtige Pferdehändler, so auch die Händler aus Langenhagen, mussten ihre Pferde obiger Bestimmung gemäß immer über Celle führen, um dort kontrolliert zu werden. Das konnte - wie im unten angeführten Fall - ein erheblicher Umweg sein. Offensichtlich wurde der Handel auch in recht großem Stil betrieben, wenn eine spezielle Gebühr für Herden von 100 Pferden und mehr festgesetzt wurde. Ein Brief des Langenhagener Amtsvogts Daniel Stapel wegen der geforderten Passierscheine belegt die Zahl mitgeführter Pferde eines Händlers. Stapel schrieb am 23. Februar 1702: *„Der Pferdehändler Hans Baltzer Bötter aus Weferlingen*[*] *hat im Amt Langenhagen 22 Pferde gekauft. Dies wird ihm für die Durchreise durch das benachbarte Fürstentum Braunschweig und Lüneburg bescheinigt."* Stapel bat im weiteren Schreiben darum, den Händler mit den Pferden ungehindert zurückreisen zu lassen. Diese nicht unbeträchtliche Zahl wurde andernorts und von anderen Händlern deutlich übertroffen. Davon später.

---

[*] Heute Ortsteil der Stadt Oebisfelde in Sachsen-Anhalt.

Nach den obigen relativ scharfen Bestimmungen war nicht unbedingt zu erwarten, dass sie bereits am 1. Februar 1703 wieder aufgehoben wurden. Vermutlich wollte man den Pferdehandel doch nicht vollkommen unterbinden. Wahrscheinlich protestierten auch betroffene Händler. In späteren Fällen findet man immer wieder vergleichbare Einschränkungen des Handels, die vielfach sehr kurz Bestand hatten und eigentlich nur Kopfschütteln bei den ausführenden Beamten verursacht haben dürften.

Die genannten Bedingungen zeigen, dass Pferdehandel mit Remonten damals kein reines Vergnügen war. Schlimmer wurde es in Fällen, in denen Langenhagener Händler um Bezahlung ihrer Lieferung kämpfen mussten.[6] Wie so oft im Geschäftsleben, verführte offensichtlich ein sehr großer Auftrag die Rosshändler Schaumann und Peters.

Die Lieferung von Remonten im Wert von weit über 25.000 Reichstalern an den Herzog von Sachsen-Weimar, der finanziell notorisch klamm war, mussten Schaumann und Peters vorfinanzieren. Ihr eigenes Vermögen genügte dazu nicht. Dabei war Caspar Schaumann durchaus wohlhabend, wie man an einer großzügigen Spende an die Kirche ersehen kann. Der Pastor trug diese Gabe - Antependien für Altar, Taufe und Kanzel - 1727 in das Kirchenbuch ein. Sie liehen sich daher das Geld für den Ankauf der Pferde, denn sie hatten Versprechungen der Zwischenhändler geglaubt. Diese zahlten auch zunächst. Dann kam aber kein Geld mehr, obgleich die Pferde bereits geliefert waren. Weil die Langenhagener eine finanziell sicherere Lieferung Zug um Zug gegen jeweilige Bezahlung leider nicht gewählt hatten, gerieten sie in erhebliche Not. Sie mussten schließlich ihre aufgenommenen Kredite bedienen. Deshalb suchten im April 1735 die betroffenen Caspar Schuman (Schaumann) und Johann Friedrich Peters als Bittsteller Hilfe bei der Regierung in Hannover.

*Hochwolgeborene*

*Gnädige Herren!*

*Euer Ew. Excellenzen werden wir unterthänigst vorzustellen gemüßiget, welchergestalt Ihro Hochfürstliche Durchlauchtigkeit der Herzog zu Sachsen Weymar* zum Dienst ihro Kayserlichen Majestät, währendem frantzösischem Kriege, ein groß Regiment Cavallerie aufgerichtet und den in Buttstädt wohnenden Roßhändlern Cyraicus und Johann Christian Kauffmann aufgetragen, die benöthigte Pferde zu liefern. Diese haben gegen baare Bezahlung mit uns contrahiret, vor uns auch etwas weniges an Gelde geliefert, das übrige aber von einer Zeit zur anderen prompte zu bezahlen versprochen, Wechsel darüber ausgestellt, die baar Zahlung ist aber nicht erfolgt sondern sie sind mit fünf und zwanzig tausend vierhundert und fünf und fünfzig Rthlr im Rückstande geblieben.*

*Nachdem wir solchen Vorschuß aus unsern Mitteln nicht thun können, sondern von anderen hier im Lande, Capitalia darzu entrichten und verzinsen müßen, die Creditores uns vorgeschoßene Gelder wieder fordern; und nichts billiger ist, denn daß wir selbige befriedigen, so*

---

[*] Ernst August I. von Sachsen Weimar, der wegen seiner Prunksucht und Verschwendung hochverschuldete Großvater des späteren Großherzogs Karl August (Sohn der hochbedeutenden Herzogin Anna Amalia). Er verlieh seine Truppen gegen Bezahlung an Österreich im Polnischen Erbfolgekrieg.

*werden wir bey solchen Umständen genöthiget, unsere Debitores Cyriacum und Johann Christian Kauffmann, aus dem ausgestellten Wechsel zu actioniren, damit wir unsern Creditoribus wiederum Satisfaction geben können. Maßen es also eine Wechsel Schuld, so prompte Execution erfordert, unser Zustand auch nicht leidet, daß wir lange damit herum geführt werden, so bitten wir hiermit unterthänigst, die besondere Gnade als hiesige Unterthanen uns zu erweisen und an Ser. Hochfürstliche Durchläuchtigkeit zu Sachsen Weymar ein Verschreiben uns gnädigst mitzutheilen, uns ... Justitz Administration, und die Debitores durch Richterliche Hülffsmittel zur Bezahlung anhalten zu laßen. Wir haben die zuversichtliche Hoffnung dergleichen gnädiges Verschreiben zu erlangen, glauben daß es unserer anzustellenden Klage guthen effect verschaffen werde, und seyn dafür mit tiefstem Respecte*

*Euer Ew. Excellenzen*

*unterthänigste, gehorsamste und ergebenste*

*Diener*

*Caspar Schuman und*

*Johann Friedrich Peters*

*Roßhändler zu Langenhagen*

Die im Schreiben genannte ausstehende Summe von über 25.400 Reichstalern entsprach ungefähr dem Wert von 500 Pferden. Die beiden Rosshändler aus Langenhagen hatten wirklich ein beträchtliches Geschäft abgeschlossen. Allerdings brachte es ihnen keinen Vorteil, denn die Weimarischen Finanzen waren zu der Zeit außerordentlich zerrüttet. Der Herzog griff bei der Geldbeschaffung zwar zu höchst unlauteren Mitteln (Erpressung und Entführung vermögender Untertanen), konnte damit aber nicht durchkommen. Die Kassen blieben leer. Schaumann und Peters haben trotz sofortiger Hilfe seitens der Kurfürstlichen Regierung ihr Geld nicht erhalten. Dem Schreiben der hohen Herren ist leicht anzumerken, dass auch sie keine rechte Zuversicht bei ihrem Appell an Ehre und Rechtschaffenheit der sächsisch-weimarischen Regierung hatten:

*Den 6t. April 1735*                    Entwurf

*An Fürstl. Sächsische Regierung zu Weymar*

*Die hiesigen Roßhändler Caspar Schumann und Johann Christian Peters haben bey uns begehrend angesuchet, bey denen Herren mit unserem Verschreiben dahin zu stehen zu können, daß ihnen in der Klage, welche sie wider Cyriacus und Johann Christian Kauffmann wegen ihrer hier gelieferten Pferde ledig gebliebenen 25451 rthlr anzustellen gemüßiget seyen, rechte justiz wiederfahren, und die Debitores durch rechtliche Hülfsmittel zu ohnverlängter Bezahlung der über Rechtsgeschäfts Forderung ausgestellter Wechsel angehalten werden mögen. Wir sind nun wohl versichert, die Herren werden von selbst geneigt seyn, denen Supplicanten zu ihrem Recht zu verhelfen, als dieselben auf unser … Formeln der Zeit*

Kopie der herzoglichen Antwort vom 9. Mai 1735:

*„Vermöge unseres sub dato Weimar den 9ten May 1735 an unsere getreue Stände des engeren und weiteren Ausschusses an Prälaten, Ritterschafft und Räthen unseres fürstlichen Weimars ergangenen gnädigsten Rescriptes soll die Befriedigung des Roßhändlers Kauffmann zu Buttstädt und folglich auch seiner Creditores aus denen hannoverschen Landen, wegen derer von ihm zu unserem in Kayserl:*

*Diensten stehenden Cürassier Regiment gelieferten Pferden aus unserer Landschafts Casse nachstehendermaßen geschehen:*

> *Es sollen nemlich auf anstehende Leipziger Ostermesse 2000 Rthl und zwischen ihr und der Leipziger Michaelismesse a. c. wiederum 6000 Rthl, künftige Leipziger Oster- und Michaelis Messen 1736 aber zu jeder Messe 2000 Rthlr auf sothane Forderung baar bezahlet und mit jetzt erwehnten Letztern Terminen biß zu völliger Tilgung des Debiti von Jahren zu Jahren also continuiret werden.*

*Worüber Wir dieses unter unserer Fürstl: Hand und Siegel dem Pferdehändler Kauffmann zu dessen und seiner hannoverschen Creditoren mehrerer Sicherheit wissentlich und wohlbedächtig ausstellen lassen.*

*geschehen in unserer Residenz Weimar den 9ᵗᵉⁿ May 1735*

*Landes-Siegel*          *Ernst August HZH"*

Nach diesem Angebot hätten die beiden Rosshändler rund sechs Jahre auf völlige Bezahlung warten dürfen. Sie hatten sicher bemerkt, dass keine Verzinsung der gestundeten Restschuld angeboten wurde. Ihre eigenen Kredite hätten sie dagegen bedienen und verzinsen müssen. Sie konnten damit sicher nicht zufrieden sein. Nach vier Monaten Wartezeit suchten die Rosshändler schließlich Hilfe beim König im fernen Großbritannien. Eine Kopie ihres Schreibens vom 18. August 1735 wurde 6 Tage später in den Akten abgelegt und die Sache damit aktenmäßig „begraben":

*Allerdurchlauchtigster*

*Großmächtiger König*

*Allergnädigster König, Churfürst und Herr*

*Ewegl: Königl: Majestät geruhen IHREN in tiefster Devotion allerunterthänigst fürtragen zu lassen: welchermaßen Ihro Hochfürstliche Durchlaucht Herzog zu Sachsen Weimar zum Dienst Ihro Kayserl: Majestät ein großes Regiment Cavallerie aufgerichtet, und denen beyden in Buttstädt wohnenden Roßhändlern Cyracus und Johann Christian Kauffmann aufgetragen, die dazu benötigten Pferde anzukaufen; gestaltsahm diese dann wieder sämtliche zu liefernden Pferde gegen versprochen prompte baare Bezahlung von uns erhandelt.*

*Ob wir nun wohl in Conformität des zwischen uns und vorbenahmten beyden Lieferanten getroffenen Contracte und derselben ausgestelleten Wechsel die versicherte Bezahlung der rückständigen 25451 Rthlr bey Sr: Hochfürstl: Durchlauchtigkeit nachzusuchen und dero Behuff zu mehrer Facilitirung von Ew. Königl: Majestät Landes Regierung hierselbst nachdrückliche intercessionales looßzuwirken und solche bey hochgedachten Sr: Hochfürstl: Durchl: beyzubringen uns gemüßiget gesehen, so ist es dennoch wider alles Vermuthen geschehen, daß Sr: Hochfürstl: Durchl: die Bezahlung angeregter 25451 Rthlr auf räumigen Terminen (wie solches der copeyliche Anschluß mehrern Inhalts ergibt) stellen und aussetzen wollen.*

*Wenn wir aber die Capitalien zu Ankauffung mehrerwehnter gelieferten Pferde von verschiedenen Creditoribus angeliehen, und soche wie billig zu verzinsen auch innerhalb vorlängst abgelauffener Frist wiederum zu bezahlen uns anheischig gemachet, mithin nunmehro von besagten unseren Creditoribus mttelst ausgewiesener Zwangs=Mittel gedrungen werden die resp: Anlehn mit Interesse und Kosten zu entrichten; wannehro wir mit der Abtragung vorerwehnten Debiti auf denen von Sr: Hochfürstl: Durchl: gestellten Terminen unmöglich friedlich seyn können, in Betracht wir auf solche Art unsern Credit nicht allein sehr geschwächet; sondern auch in Ansehung unserer*

*Creditorum wohl fundierten Forderung unsere liegenden Gründe in Gefahr der Subhastation* \* *sehen müßten.*

*… gar nichts an Ewl: Königl: Majestät unsern allergnädigsten Landes Herrn unser unumgänglich allerunterthänigstes Suchen und Bitten: DIESELBEN geruhen aus Landesväterlicher Hulde für dero getreuen Unterthanen IHRO höchst kräfftiges Vorwort bey Sr: Hochfürstl: Durchl: Herzoge zu Sachsen Weimar zu interponiren und unser anderweithes Ansuchen vermittelst eines von Ewrl: Königl: Majestät signirten intercessional=Schreibens allergnädigst dahin zu begleiten, daß uns die noch rückständigen 25451 Rthlr Capital nebst Zinsen von Zeit des Verzugs gerechnet nach Wechsel=Recht fordersamst bezahlet und entrichtet werden möge.*

*Wir getrösten uns Ewl: Königl: Majestät weltgepriesenen Clementi und allergnädigsten Erhörung in allertiefster Devotion verharrende*

*Ewgl: Königl: Majestät*

*und Churfürstl: Durchl:*

>*allerunterthänigste Knechte*

>*Johann Friedrich Peters*

>*Caspar Schoman*

>*Roßhändler zum Langenhagen*

*Hannover d. 18ten August 1735*

Dieser Bittbrief brachte die hannoverschen Geheimräte erneut in Aktion. Sie schreiben kurz darauf an die Fürstliche Regierung zu Weimar. In ihrem Brief verdeutlichte die hannoversche Regierung, dass die Rosshändler mit den vorgeschla-

---

\* Konkurs mit Versteigerung des Eigentums

genen Tilgungsterminen nicht zufrieden sein könnten, da sie selber ihre entsprechenden Kredite vorher bedienen müssten. Außerdem wären sie Zwangsmitteln seitens ihrer Kreditoren ausgesetzt. Es drohe der Verlust ihres Kredits und sogar ihrer Güter. Das als Entwurf archivierte Schreiben ist mit 5 Paraffen der Geheimräte unterzeichnet. Man kann daraus ersehen, wie wichtig ihnen diese Angelegenheit war, denn sie wurde keinen untergebenen Beamten überlassen. Die Akte schließt mit einem weiteren, umfangreichen Bittbrief der Rosshändler vom 9. September 1735, der leider in der Mikrofotografie nicht gut lesbar ist. Es ist aber offensichtlich, dass bisher kein Erfolg gegeben war. Dieses Schreiben wurde ebenso wie die anderen Briefe der Langenhagener Pferdehändler von fachkundigen Schreibern in Hannover verfasst und von den Bittstellern nur unterzeichnet. Anders als viele Bauern ihrer Zeit verfügten die Händler jedoch über eine geübte Handschrift. Schriftwechsel und schriftliche Aufzeichnungen im Rahmen ihrer Geschäfte waren damals schon selbstverständlich.

Die schlechte Erfahrung dieser beiden Rosshändler wirkte auf die Dauer keineswegs abschreckend. Knapp 30 Jahre später betraf es Georg Bartmer aus Bothfeld im Amt Langenhagen, der wegen ausstehender Zahlung für 35 Pferde einen langwierigen Prozess führen musste. Noch 20 Jahre später hatte er kein Ende gefunden.[7] Die Regierung im Bistum Hildesheim hatte den Käufer zuvor zur Zahlung verurteilt. Dieser hatte dagegen aber an das Reichskammergericht appelliert, wo bekanntermaßen Prozesse bis zum St. Nimmerleinstage dauern konnten.

*1. Kläger/Appellant:*

*Friedrich Wilhelm von Bauer (gest. 1784), russischer Generalmajor zu Hildesheim (Bekl.); dann (1784) dessen Witwe*

*2. Beklagter/Appellat:*

*Georg Jürgen Heinrich Bartmer (Bärtmer) (gest. 1774), Rosshändler zu Langenhagen (Kl.); dann (1774) die Vormünder seiner Kinder*

*3.1. Prokuratoren/Kläger bzw. Appellant:*

*Lic. Caesar Scheurer, (1767, 1784), Prokurator*

*3.2. Prokuratoren/Beklagter bzw. Appellat:*

*Dr. Christian Jakob von Zwierlein, (1768), Prokurator*

*wegen*

*4. Streitgegenstand:*

*appellatio*

*Schuldsache: 1762 hatte der Pferdehändler Bartmer 35 Pferde für 840 Dukaten an den damals in preußischen Diensten stehenden Obristen von Bauer verkauft. Da die Kaufsumme bislang nicht bezahlt worden war, erhob Bartmer schließlich Klage bei der Regierung zu Hildesheim. Als die Regierung von Bauer 1766 zur Erstattung der Kaufsumme verurteilte, appellierte dieser dagegen an das Reichskammergericht.*

Die strittige Kaufsumme von rund 24 Dukaten je Pferd entspräche heute etwa 5.000,- €. Der Vergleichswert des gesamten Handels von 175.000,- € würde auch heute einen Prozess lohnen. Ob die Erben der in der Zwischenzeit verstorbenen Kontrahenten jemals zu einem Ergebnis kamen, wurde nicht überliefert. In den Vorjahren hatte Georg Bartmer noch gute

Geschäfte mit den Preußen gemacht. Er lieferte 1759 und 1760 insgesamt 400 Pferde an die preußische Kavallerie.

Aus diesen Fällen kann man entnehmen, dass es beim Pferdehandel teilweise um sehr große Geschäfte ging. Mitunter waren mehrere tausend Pferde und entsprechend hohe Summen im Spiel. In all den Jahren wurden Kriege geführt, wurden Pferde dafür gebraucht und von Händlern aus Langenhagen entsprechende Geschäfte abgeschlossen.

Diese Geschäfte wollte die Regierung (hier die „*Königlich Großbritannischen zur Churfürstl. Br. Lünebg. Regierung verordnete geh. Räthe*") steuern, indem sie eine alte Verordnung aus dem Jahr 1688 mit Wirkung vom 23. September 1739 bekräftigte und erneuerte. In der Einleitung zu dem entsprechenden Edikt König Georgs II. verwiesen sie auf die alte Verordnung, die zuvor am 26. Mai 1712, 4. Juni 1715, 22. Febr. 1718, 28. Oktober[?] 1719, 8. April 1728 und 9. Oktober 1730 wiederholt und bestätigt worden war. Die relativ enge Folge der einschlägigen Bestimmungen wegen verbotener Aus- und Durchfuhr der Pferde (s. u.) zeigt, dass es bei deren Durchsetzung nicht recht klappte.

"Fügen hiemit zu wissen: welchergestalt sich zuverläßig gefunden und ergeben habe, daß seit ein paar Jahren, und währenden gegenwärtigen, im teutschen Reich entstandenen Unruhen, die Pferde in Unseren teutschen Landen theils durch fremde, theils einheimische Roßhändler, so häufig aufgekauffet und außer Landes geführt worden, daß verschiedene unserer Unterthanen sich durch den hohen Preiß der Pferde verleiten lassen, von ihrer eigenen Nohtdurfft sich zu entblössen.

Wann Wir aber dergleichen unbedachtsamen

Pferde=Verkauf, welcher nur zu einiger weniger, grossentheils auswärtiger, Pferde=Händler Vortheil, und hingegen zu verschiedener Unterthanen selbst eigenem, und des Landes Schaden überhaupt gereichet, einzuschrenken und zu stopfen, um so mehr Ursache haben, als nicht nur Unseren Landes=Eingesessenen und Unterthanen, welchen etwan noch Pferde übrig sind, deren sie, ohne Hintansetzung ihres eigenen Ackerbaues, entbehren können, die Gelegenheit nicht entstehen wird, selbige zu Recrutirung Unserer eigenen Cavallerie und Artillerie-Trains, und zu den Eqipagen Unserer Officiers, mit gleichem Vortheil als an Fremde, zu verkauffen, sondern auch der gute und dienstbare Schlag von Pferden, der sich in unseren teutschen Landen hin und wieder findet, größten Theils von Unserem, auf Unsere eigenen Kosten und ohne Landes Zutun oder Beytrag, vor einigen Jahren angerichteten, und noch unterhalten werdenden Land=Gestüte herkommt, mithin aller Billigkeit nach, zuforderst und vorzüglich zu des Landes, nicht aber fremder Nothdurfft und Gebrauch dienen muß."

*Bestimmungen (gekürzt)*

1. *Verbot Pferde außer Landes zu verkaufen, bei schwerer Geld- oder nach Befinden Leibes-Strafe.*

2. *Pferde werden ohne Concession nicht außer Landes gelassen, auch wenn sie außerhalb gekauft wurden.*

3. *Wer einen Vertrag oder Kommission zum Kauf von Pferden für die eigene Cavallerie hat, braucht eine entsprechende Bescheinigung von höchster Stelle.*

4. *Personal an den Landesgrenzen soll bei Vermeidung schwerer Strafe kein Pferd ohne Pass oder Concession passieren lassen.*

Der auswärtige Pferdehandel sollte also wieder einmal kontrolliert und nach Möglichkeit unterbunden werden. Argumente für diese Beschränkung sind klar im Text abzulesen. Die Preise waren in den unruhigen Zeiten verführerisch hoch. Man wollte deshalb einen Ausverkauf der Ackerpferde verhindern. Außerdem sollten für das Militär geeignete Pferde gefälligst im eigenen Lande bleiben. Ein weiteres, einleuchtendes Argument lag im angesprochenen Wert der Tiere für die Zucht. Die kürzlich – 1735 mit der Gründung des Landesgestüts in Celle – begonnenen Bemühungen um Verbesserung der Pferdezucht sollten nicht dadurch konterkariert werden, dass die Pferdehändler gute Pferde aufkaufen, ins Ausland liefern und damit den züchterischen Fortschritt an andere abgeben.

So weit, so gut. Allerdings lassen sich gewiefte Händler lukrative Geschäfte nicht so leicht verderben. Sie suchten und fanden auch damals alsbald Möglichkeiten, diesen Bestimmungen zu entgehen. Welche das waren, ist aus einer Verordnung vom 8. Februar 1743 sinngemäß zu entnehmen. Anscheinend verletzten einige Pferdehändler die Verordnung des Jahres 1739, indem sie mit kleinen Mengen und auf geheimen Wegen unter Umgehung der Pass- und Zollstellen durch das Land reisen. Deswegen wurde verfügt (gekürzt):

1. *Das obige Verbot gilt für alle Fälle, ob viel oder wenige Pferde geführt oder sogar einzeln aus dem Lande geritten werden.*

2. *Untertanen, die von auswärtigen Händlern wegen Pferdelieferungen befragt werden, sollen dieses der Obrigkeit melden.*

3. *Die in der Verordnung angeführten Strafen - wie Gefängnis oder Zwangsarbeit - gelten nicht nur für den Pferdehändler, sondern auch für dessen Knechte oder auch leichtgläubige Personen, die für diesen die Pferde außer Landes reiten.*

4. *Beamte, Gerichte oder Magistrate, die die Bestimmungen nicht einhalten, werden unweigerlich bestraft. Denunzianten erhalten wenigstens 10 Reichstaler von dem zur Anzeige gebrachten "Contravenienten".*

5. *Die Bestimmungen für die Zöllner an den Landesgrenzen werden bestätigt und verschärft.*

Man erkennt heute noch übliche Techniken des Schmuggels. Es wurden nicht mehr auffällig große Herden außer Landes gebracht, sondern kleine Koppeln oder gar einzelne Pferde. Man nutzte unauffällige, ggf. sogar arglose Helfer und sparte auch nicht mit Geld, falls ein Beamter dafür empfänglich war.

Was das Ganze jedoch bewirken sollte, ist ziemlich zweifelhaft. Denn wenige Wochen später, am 29. März 1743, folgte ein gedrucktes Edikt Georg II., in dem die Aufhebung des Verbots der Aus- und Durchfuhr der Pferde verfügt wurde. Die hinzu gefügte Erklärung *„Man sei ohnehin willens gewesen, dieses Verbot nur kurze Zeit gelten zu lassen."* verwundert nun doch. Da dürfte auch den Regierenden aufgefallen sein, dass dieses „Hüh und Hott" – um der Kutschersprache zu folgen – ein schlechtes Licht auf ihre Regierungskunst werfen könnte. So dauerte es nur ein Jahr, bis es wieder anders herum ging:

## Patent wegen verbotener Pferde=Lieferung vor die Cron Frankreich vom 13 April 1744

Wir Georg der Andere, von Gottes Gnaden König von Groß=Britannien, Frankreich und Irland, Beschützer des Glaubens, Hertzog zu Braunschweig und Lüneburg, des Heil. Röm. Reichs Ertz=Schatzmeister und Churfürst, etc. etc.

... "Setzen, verfügen und wollen Wir hiemit, daß keinem, wer er auch sey, Pferde vor die Cron Franckreich in Unseren Landen aufzukauffen oder auch nur durchzuführen, erlaubet seyn, sondern die betroffenen Pferde sofort angehalten, und confisciret werden, unseren Unterthanen aber, bei schwerer Geld= oder Leibes= Straffe verboten seyn solle, Pferde in oder außer Landes vor mehr besagte Cron, oder vor solche Leute, welche von derselben und deren Angehörigen wissentlich oder nur mutmaßlich Commisiones haben, aufzukauffen oder an selbige zu verkauffen, oder deren Auf- oder Verkauf, auch Fortschaffung der aufgekaufften Pferde, es sey auf was Art es wolle, Vorschub und hülfliche Hand zu leisten."

Wie schon erwähnt, waren die Pferdehändler erfinderisch. Das zeigte sich in der kurz nach obigem Datum, am 19. Februar 1745, formulierten Neufassung dieses Edikts. Man hatte nämlich inzwischen gemerkt, dass Rosshändler Pferde nach Frankreich "durchschleichen", indem sie fälschlicherweise Pässe für Lieferungen an die kaiserlichen Truppen benutzten. Diese Pässe – gleich ob alt oder neu - sollten zukünftig nicht mehr für die Ausfuhr von Pferden genügen. Neben dem Einblick in die Pfiffigkeit der Händler kann man hier erkennen, dass diese sich um nationale Fragen überhaupt nicht scherten. Frankreich war der erklärte Feind Großbritanniens und damit auch des Kurfürstentums Braunschweig – Lüneburg (Kurhannover). Wegen seiner umfangreichen Bestellungen mit prompter Zahlung aber zugleich Freund damaliger Rosshändler.

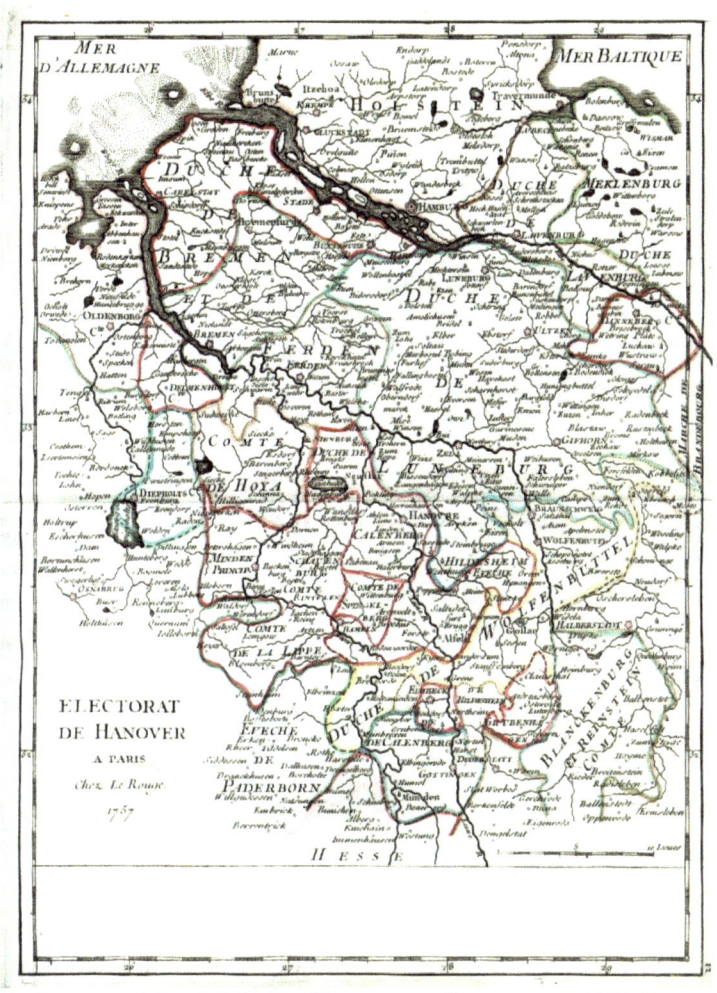

Französische Karte des Kurfürstentums Hannover zur Zeit des Siebenjährigen Kriegs. 1757 = Jahr der verlorenen Schlacht bei Hastenbeck.

## Pferdehandel zur Zeit des Siebenjährigen Kriegs

Die Mitte des 18. Jahrhunderts prägten verschiedene Kriege, darunter die schlesischen Kriege Friedrichs II. von Preußen sowie der daraus erwachsene Siebenjährige Krieg (1756 – 1763). Dieser international verflochtene, große Krieg betraf das Kurfürstentum erheblich. Es wurde teilweise von französischen Truppen erobert und besetzt. Das hatte seinen Grund u. a. in dem Kolonialkrieg, den Großbritannien in Nordamerika gegen Frankreich führte. Die Briten waren außerdem mit ihrer Flotte gegen Spanien im Einsatz. Für den Erfolg in den europäischen Kriegszügen waren Militärpferde außerordentlich wichtig, so dass der Pferdehandel außer Landes, insbesondere der Handel mit Frankreich, unbedingt unterbunden werden sollte. Deshalb verbot *„Georg der Andere, von Gottes Gnaden König von Groß=Britannien, Frankreich und Irland, Beschützer des Glaubens, Hertzog zu Braunschweig und Lüneburg, des Heil. Röm. Reichs Ertz=Schatzmeister und Churfürst, etc.“* am 3. Januar 1757 die Pferdeausfuhr vollständig. Allerdings war auch dieses Verbot nicht einfach durchzusetzen, denn *„wegen der Missernte im Vorjahr sehen sich Unterthanen gezwungen, Pferde aus Futtermangel beim gegenwärtig hohen Preis der Pferde loszuschlagen und an Roßhändler zu verkauffen, welche die Pferde außer Landes führen.“* Um das zu verhindern, erhielten die zuständigen Beamten Befehl, auf entsprechende Durchfuhren zu achten und diese ggf. zu melden. Außerdem musste ein Pass für jedes Pferd ausgestellt werden. Der war dann bei jeder Gelegenheit an Kontrollposten oder Zollstellen vorzuzeigen. Hier ein Beispiel:

*Pferdepass vom 17. Januar 1757* (Abschrift, gekürzt)

*"Demnach behuf unserer Artillerie und Trains fünffzig Stück Pferde durch den Schutz-Juden Moses Levi angekauffet worden, um selbige anhero zu liefern.*

*So wird hiemit jedermännigl. dem diese vorzuzeigen nöthig, nach Standes Gebühr versichert ...*

*Beglaubigung dieser Copei vom 28. Januar 1757"*

Dieser Pass ist ein Beleg für den beträchtlichen Umfang des Pferdehandels im Kurfürstentum. Weit größere Zahlen sind allerdings aus dem größten damaligen Geschäft übermittelt worden. Es sollten insgesamt 4.000 Pferde gehandelt werden. Bei dieser Größenordnung mussten viele Händler daran beteiligt werden, darunter einige aus Langenhagen. Die Angelegenheit war zudem ein kleines Kriminalstück. Weil der Handel außer Landes verboten war, mussten die Beteiligten konspirativ vorgehen.[8] Nun war allerdings ein Denunziant dabei, der diesen Handel aufdeckte. Er ging sehr behutsam vor und berichtete im Dezember 1755 zunächst einem hannoverschen Rechtsanwalt davon. Sein dreifach gesiegelter Brief war adressiert an: *„Monsieur Sattler Advocad tres renomene a Franco Hannover".* Angezeigt wurden geplante Pferdelieferungen aus hannoverschem Gebiet für Frankreich. Das Land bereitete sich anscheinend bereits auf den 1756 beginnenden Siebenjährigen Krieg vor, in dem Großbritannien mit Kurhannover und Preußen auf der einen Seite gegen die Verbündeten Frankreich, Österreich und Russland stand. In Nordamerika kämpfte Großbritannien bereits seit längerem gegen Frankreich. Man wollte die Franzosen dort aus den Siedlungsgebieten im Umfeld der Neuengland-Staaten vertreiben. Frankreich war demnach absolutes Feindesland. Pferdelieferungen dorthin mussten hoch problematisch sein, wenngleich Kurhannover 1755 noch kein Kriegsteilnehmer war.

Da der gemeldete Handel in Bremen – also im Ausland — über die Bühne gehen sollte und man außerdem sicher gehen wollte, ob überhaupt etwas an der Sache sei, befragte die Regierung in Hannover zunächst die Beamten zu Ehrenburg (heute Kreis Diepholz), ob im dortigen Amt etwas wegen der im Brief an Sattler erwähnten Pferdekäufe bekannt sei. Am gleichen Tag, dem 17. Dezember, ging ein Schreiben an die Regierungsräte v. Bodenhausen und v. Berlepsch zu Stade ab. Man fragte ebenfalls, ob etwas von der angezeigten französischen Aufkaufskommission für *„4000 Stück Pferde"* an unbekannte Roßhändler bekannt sei. Die Regierung bat um Bericht, ob die Denunziation begründet wäre. Man solle doch in aller Stille Erkundigungen einziehen.

Die Antworten der angeschriebenen Beamten an die *„Königl. Großbrit. Zum Churfürstl. Braunschweig-Lünebg. Cammer Hochverordneten Herren Geheimten Räten in Hannover"* sprechen für sich. Am 23. Dezember 1755 berichtete v. Bodenhausen:

*„... habe so viel in Erfahrung gebracht, daß einige Münstersche Unterthanen im Kirchspiel Twistringen viele Pferde in hiesiger Gegend aufkaufen und solche in den Münsterschen Ämtern Bevern und Cloppenburg abliefern. Diese Pferde*

*auch so weiter für die Cron Frankreich gebracht werden sollen; mithin dürfte dasjenige, was Johann Abentheren, der aus hiesigem Amt gebürtig und nahe bey Bremen wohnhaft ist, dem Advocato Sattler gemeldet hat, gantz gegründet seyn.*

*Besagte Pferde werden für 30 bis 40 Rthlr das Stück angekauffet und haben wir noch zur Zeit in betreff sothanen Aufkauffes ein mehreres nicht erfahren können."*

In diesem Brief befindet sich heute das Schreiben mit der Anzeige des Johann Abontheren, Neuland bei Bremen, vom 13. Dezember 1755. Abontheren berichtet darin, dass vor 14 Tagen Briefe an verschiedene Händler nach Bremen gekommen seien, in denen der Kauf von insgesamt 4.000 Pferden angeboten wurde. Wer Lust dazu hatte – so schrieb er - übernahm es, eine gewisse Anzahl dazu zu liefern. Ende Januar sollten die Pferde in Empfang genommen werden. Er vermutete, dass die Pferde in den benachbarten Ämtern wie Ehrenburg gekauft werden sollten. Als hannoverscher Untertan sah Abontheren sich gezwungen, in Kenntnis des Verbots des Handels von Pferden außer Landes, das seit dem großen französischen Ankauf aus dem Jahr 1742 bestand, diesen neuen Handel zu melden. Bis dato seien schon 150 Pferde aus Holstein zu diesem Zweck durch Bremen gebracht worden. Am 26. Dezember 1755 meldete Regierungsrat v. Berlepsch aus Stade:

*Der Pferde-Handel, so von den Eingesessenen hiesiger Herzogtümer, und besonders dem*

Kehding-Freyburgischen District, dem Lande Wursten, osterstadischen, dem Kirchspiel Osten, einem Theil des Ambts Himmelpforten, und einem District der Wünen Amts Rotenburg, getrieben wird, ist solchergestalt beschaffen: daß entweder die Saug-Fohlen des Herbsts ins Holsteinische, Hildesheimische, nach dem Hartz, und der Gegend von Northeim, auf den Märkten verkauft, oder auch dahin abgeholt werden; oder es werden die zweyjährigen Hengste des Frühjahrs nach dem Ültzer Markt gebracht, und alda zu den sogenannten Heid-Hengsten verkauft, oder es werden auch die dreyjährigen Wallache, durch Roßhändler, besonders von Köhler zu Walsrode, für die Preussen, auch wol von anderen auf den Märkten, und in specie auf dem Sittenser Marckte, welches spät im Herbste einfällt, für die Franzosen, Österreichische Trouppen, und Sachsen, aufgekauft.

Nur gar wenige Pferde werden für Seiner Königlichen Majestät Trouppen, und zwar, so viel wir wissen, für das Poelnitzische Regiment employiert.

Hierab werden Euere Exellenzien bemerken: daß die Hoffnung fünf- und sechsjährige Wallachen für den Artillerie-Train zu bekommen, fehlsam seyn werde; tüchtige Stuten können aber allemal, wenn Märkte ausgeschrieben werden, für mittelmäßige Preise von 30 bis 50 Rthlr erfolgen.

*Übrigens ist uns zwar wohl bekannt: daß
verwichenes Jahr, auch dieses Frühjahr, eine
ziemliche Anzahl Pferde aus hiesigen
Herzogthümern aufgekauft, und dahero zu der
Zeit, wie die Cavallerie vermehret worden, nur
gar wenige, so tüchtig gewesen, von den Officiers
Poellnitzischen Regiments, aufgefunden worden.*

*Daß aber fremde Roßaufkäufer sich in hiesigen
Landen aufhalten solten, hiervon ist uns nicht
das Geringste bewußt; wir werden aber zuverläs-
sige Erkundigungen einziehen. ..."*

Am 2. Januar schrieb v. Berlepsch erneut und schickte ein
weiteres Schreiben in Kopie mit. Allmählich wurde auch ihm
klar, dass da „etwas im Gange war":

*„Joh. Düren aus Michelwarden berichtete mit
Schreiben vom 30. Dezember, dass ein Bremer
Pferdehändler namens Heyn Moritz seit kurzer
Zeit hier im Lande auch in der Nachbarschaft
Pferde aufkaufe. Die meisten stehen noch bei
den Verkäufern. Auch diese wüssten nicht wohin
die Pferde gingen, er könne ebenfalls dazu
nichts Gewisses sagen."*

Im beiliegenden Bericht an das Amt Stade bestätigte sein Ge-
währsmann Rennen das Gerücht, dass ein französischer Aufkäufer in der Gegend sei, der nur schlecht Deutsch spräche.
Die hiesigen Lieferanten hießen Hinrich Vogt und Alardi. Pferde würden im Lande Hadeln, Kehdingen, Wursten sowie im

Wildeshausischen aufgekauft. Die Händler hätten einen Kompagnon in Neustadtgödens, der allein 2000 Stück liefern wolle. Das Stück würde angeblich mit 50 Reichstalern bezahlt.

Johann Abontheren blieb in der Angelegenheit dieses großen Handels nicht untätig. In seinem umfangreichen Schreiben vom 31. Dezember 1755 beschrieb er im ersten Teil die möglichen Wege und Nebenwege, auf denen Pferde außer Landes geführt werden könnten. Dann meldete er, dass 3 Personen zu Twistringen wohnten, die den Franzosen 100 Pferde zu liefern versprochen haben. Es gäbe auch Roßhändler aus dem Kurfürstentum Hannover. Erneute Überlegungen zum möglichen Weg der Pferde mit Aufzählung der Zollstationen sollten bei der Überprüfung helfen. Im Stift Bremen seien schon 300 Pferde aufgekauft. Aus weiteren Details zum Ablauf des Handels wird deutlich, dass er eigentlich beteiligt werden sollte, dieses aber von einem anderen vereitelt wurde. Daher wisse er so gut Bescheid, schrieb Abontheren.

Am 9. Januar 1756 meldete Regierungsrat v. Berlepsch aus Stade erste Ergebnisse seiner Anfragen in dieser Sache:

1. *Zollstation Stotel – H. H. Cordemann: Im November und Dezember 1755 zwei Koppeln Pferde zu 12 Stück sind passiert, angeblich aus dem Lande Wursten. Davon 8 Stück Dierck von Lehe aus Wursten und 4 Stück Heine Morissen [oben: Heyn Moritz] aus Bremen gehörig. Dierck von Lehe war damit nach Hannover gegangen, hat aber 5 wieder zurück gebracht. Wohin Morissen die Pferde brachte, ist nicht bekannt.*
2. *Bericht des Herrn Renner aus Bremen vom 5. Januar 1756 über den Händler Heine Morissen, der für die Kaiserlichen im Vorjahr bis 150 Stück nach Braunschweig an einen Ju-*

*den geliefert hat. Der Händler hat noch 40 Stück stehen, die an den Rhein zu den Kaiserlichen gehen sollen.*

3. *Zollstation Bremervörde vom 6. Januar 1756: Im November und Dezember sind 6 Koppeln Pferde von Blohmen aus Langenhagen durchgeführt worden, die er aber sicher nicht in Bremen, wie angegeben, gekauft habe, weil es ein zu großer Umweg nach Langenhagen wäre. Weitere Passagen will man melden. Sonst waren nur einzelne Pferde an der Zollstation.*

Ausschnitt des Raumes um Bremen aus der französischen Karte des Jahres 1757. Die kurhannoverschen Gebiete Delmenhorst, Grafschaft Hoya, Herzogtümer Bremen und Verden umschließen die freie Hansestadt, in der der große Pferdehandel 1755 – 56 unternommen wurde.

Johann Abontheren blieb weiterhin aktiv beteiligt. In einem erneuten Brief an den Advokaten Sattler zu Hannover vom 11. Januar 1756 wies er auf den möglichen Abgang von 65 Pferden aus Twistringen am 16. oder 17. Januar nach Cloppenburg hin. Er beschrieb zudem den möglichen Reiseweg der Koppelknechte, damit die Behörden sie leichter aufhalten könnten. Sattler leitete seinerseits dieses Schreiben den Geheimen Räten zu.

Von Berlepsch übermittelte am 13. Januar 1756 weitere Berichte der Zollstellen über Pferdetransporte:

1. Zöllner Meier aus Burg berichtete mit Brief vom 9. Januar 1756 zunächst allgemein über den Pferdehandel:

*Johann Erich Nordmeier und dessen Söhne Johann und Christoffer aus Osterwolde [Osterwald], Hinrich Alanders* [Ehlers] *aus Langenhagen bey Hannover, Friedrich Köhler aus Walsrode, Klaus Harje und Johann Bremer aus Schiffdorf, Friedrich Erasmus und Albert Lau aus Heinebek im Amte Blumenthal, Heinrich Hase, Claus Betjen und Johann Stenner aus dem Amte Hagen, Heine Morissen und Hinrich Vogt aus Bremen nebst Johann Rolfs und Johann Pund aus dem Stedinger Lande und dem Delmenhorstischen haben mit Ankauf und Lieferung zu tun.*

*Der preußische Lieferungsort ist an der Grenze zum Herzogtum Magdeburg oder zum Fürstentum Minden oder auch zu Hildesheim.*

Dort warten jederzeit Entrepreneurs, die Kontrakte geschlossen haben auf Lieferungen, ebenso preußische Offiziere.

Bei Ankauf von kaiserlichen Pferden sind die genannten Roßhändler interessiert, die Stedinger Johann Rolfs und Johann Pund nebst einem Unbekannten haben hier aber den Vorzug, weil sie einen Teil der Kaufsumme vorschießen und verschiedene Untertanen des hiesigen Herzogtums mit Einkauf beauftragen. Die meisten und größten Koppeln werden nach Bremen geführt. Diese Händler liefern nach Vechta, Osnabrück und Köln an einen Roßkamm [Pferdehändler] namens Zwechtmann auch wohl an einen Juden, diese nehmen dann mit den Pferden die Route nach Koblenz. Er konnte aber nicht erfahren, wohin sie dann gehen.

Die Bewandtnis der Lieferungen an den König von Sardinien ist nicht so zuverlässig zu ermitteln, wie die preußischen Lieferungen. Es kann durchaus vermutet werden, dass beim Ankauf kaiserlicher oder sardinischer Pferde einiger Unterschleif getrieben wird.

Gestern ist Heine Morissen durchgereist um preußische Dragonerpferde aufzukaufen, heute folgte Vogt, der angab, 70 Stück Pferde für die sächsische Kavallerie zu kaufen.

Diese allgemeinen Bemerkungen ergänzte Meier mit der nachfolgenden Liste der Koppelpferde an der nördlich von Bremen gelegenen kurhannoverschen Zollstätte Burg aus dem Herbst 1755. Sie gibt guten Aufschluss über die Zahl der jeweils durchgeführten Pferde.

| Datum | Zahl | Pferdehändler | Ziel |
|---|---|---|---|
| 06.10. | 8 | Heine Morissen, Bremen | Kaiserliche Truppen |
| 15.10. | 27 | Christoffer Nordmeier aus Osterwald 2 und 3 jährige, zu jung für Kavallerie | |
| 17.10. | 23 | Conrad Orlob | |
| | 75 | Christoph Ern | |
| | 24 | Christian Kramer | |
| | 41 | Christoph Jenzel und | |
| | 18 | Jürgen Stöcken | |
| 19.10. | 27 | Johann Bremer aus Schiffdorf | |
| | 25 | Claus Harjen dito | |
| | 24 | Johann Stamer aus Schwegen - Amt Hagen | |
| | 30 | Hinrich Haase vom Neulande | |
| | 24 | Hinrich Wehde aus Loxstedt | |
| | 16 | Hinrich Bischoff aus Herste | |
| | 21 | Heinrich Mühle aus dem Kirchspiel Neuenkirchen, Amt Blumenthal | |
| | 18 | Johann Schnirje dito | |
| | 18 | Jürgen Minschen dito | |
| | 21 | Albert Lau dito | |
| | 15 | Johann Tiemann aus Eversdorf Amt Bremervörde | |

Dazu ergänzte der Zolleinnehmer: *„von diesen 239 Marktpferden sind außer den Reitpferden nur wenige repassiert und vermutlich die übrigen zur kaiserlichen Kavallerie geliefert worden."*

| Datum | Zahl | Pferdehändler |
|---|---|---|
| 25.10. | 18 | Johann Erich Nordmeier aus Osterwald bei Hannover und |
| 29.10. | 54 | Christoph Nordmeier dessen Sohn |
| | 11 | Friedrich Köhler aus Walsrode |

Meier bemerkte: Diese 83 Stück sind dem Vorgeben nach für die kaiserliche Kavallerie bestimmt.

| Datum | Zahl | Pferdehändler |
|---|---|---|
| 07.11. | 6 | Johann Hedlen aus dem Amte Blumenthal |
| 09.11. | 15 | Heine Morissen aus Bremen |
| 11.11. | 9 | Cord Reubel aus Hinebek und |
| 23.11. | 8 | Carsten Kielje beide aus dem Amte Blumenthal |

Meier schrieb: „Welche 38 Stück alle für die kaiserliche Kavallerie bestimmt gewesen, die von Heine Morissen jedoch zurück, weil die Entrepreneurs nur 32 Rthlr geben wollten und der Einkauf 40 Rthlr gekostet hatte."

Die obigen Zahlen belegen erhebliche Aktivitäten im Pferdehandel. Es war schon ungewöhnlich, dass an einer Zollstelle nördlich von Bremen so viele Pferde passierten. Am 19. Oktober 1755 kamen insgesamt 167 Pferde durch den Zoll. Was vorbei geführt wurde, ist natürlich unbekannt. Wir sehen auch, dass neben ortsnahen Pferdehändlern auch Leute aus Langenhagen sowie dem benachbarten Dorf Osterwald an den Geschäften beteiligt waren.

Anschließend gab es keine weiteren Durchführungen, weil die Passage durch Einbruch des Weserwassers bei Oslebshausen unterbrochen worden war. Erst am 9. Dezember 1755 kam Heine Morissen wieder mit 4 Pferden durch, die angeblich ebenfalls an die kaiserlichen Truppen geliefert werden sollten. Insgesamt wurden 580 Pferde an der Zollstelle registriert. Nun sollte der Pferdeverkauf an die kaiserliche Kavallerie eigentlich genau so unterbunden werden, wie der Handel nach Frankreich. Der Kaiser war als Ehemann der Habsburger Herrscherin Maria Theresia nämlich Partei für Österreich, das in Kürze an der Seite Frankreichs gegen Preußen und die verbündeten Engländer kämpfen würde.

Am Zoll in Ottersberg[*] kamen im November und Dezember des Jahres 211 Pferde aus Holstein auf dem Weg nach Frankreich durch. Aufkäufer waren zwei französische Offiziere namens Captain Sinceres und Lonville. Die Pferde sollen für Gestüte bestimmt gewesen sein.

Nun war es nicht mehr zu übersehen, dass Frankreich in erheblichem Umfang Pferde im Raum Bremen und weit darüber hinaus aufkaufen ließ. Krieg lag in der Luft, für den Frankreich zu rüsten begann. Vielleicht sickerte auch etwas von französischen Invasionsplänen durch. In jedem Fall war Kurhannover höchst gefährdet, weil es in Personalunion mit Großbritannien indirekt Kriegspartei war. Die Regierung in Hannover musste unbedingt handeln. Im Geheimen Rat war man sich aber keineswegs sicher, ob ein Verbot der Pferdelieferungen nicht als feindlicher Akt angesehen werden könnte. Entsprechende Überlegungen sind in den Akten belegt. Zunächst erließen die Geheimräte mit Verordnung vom 25. Januar 1756 an die Regierungsräte von Bodenhausen und von Berlepsch das Verbot, Pferde ohne spezielle Konzession passieren zu

---

[*] Ottersberg liegt im heutigen Landkreis Verden zwischen Rotenburg-Wümme und Bremen.

lassen, da man sich seitens der französischen Krone nicht über diese Maßnahme beschweren oder dies als casus belli ansehen könne.

Schon am 26. Januar meldeten die beiden Regierungsräte, dass 15 für die französische Kavallerie bestimmte Pferde die Weser bei Vegesack passiert hatten. Wenige Tage später meldete Meier aus Burg die Passage von Pferden am 24. Januar: *„39 Kavallerie-Pferde für Alardi und Vogt in Bremen, davon sind 25 als Ausschuss repassiert. Die Leute waren darüber sehr verärgert, weil Vogt die Pferde im Lande selbst besehen und angefordert hatte."*

Ferner berichtete er: *„Es sind im verwichenen Monat Pferde im Wert von 4600 Rthlr außer Landes gebracht worden, es wurde aber eben so viel schlechtes Geld eingeführt. Er habe zuverlässig erfahren, dass Alardi eine solche Summe in Louis d'or erhalten und zu 3 Prozent agio in Bremen gegen die schlechtesten Sorten couranten Geldes gewechselt habe. Ein Franzose zu Neustadtgödens in Ostfriesland ist der Haupteinkäufer."*

Allem Anschein nach hatte man damals zwar den Handel mit Verbot belegt, dieses aber keinesfalls kräftig durchgesetzt, so dass von sehr umfangreichen Lieferungen außer Landes auszugehen ist. Da der Siebenjährige Krieg auf dem Boden des damals noch existierenden „Heiligen Römischen Reichs Deutscher Nation" zum Jahreswechsel 1755 – 1756 noch nicht vollständig entbrannt war, konnte damit nur König Georg II. in London unzufrieden sein, denn seine amerikanischen Truppen waren schon seit einiger Zeit in wechselvolle Kämpfe mit den Franzosen verstrickt.

Der Sommer des Jahres 1756 stand unter dem Zeichen erster Kampfhandlungen, die durch wesentliche diplomatische Vorgänge beeinflusst wurden. Für Kurhannover war die im Januar 1756 abgeschlossene Konvention von Westminster besonders wichtig. Großbritannien und Preußen hatten sich darauf verständigt, keine ausländischen Truppen durch das Kurfürstentum marschieren zu lassen. Friedrich II. von Preußen schien sein Land dadurch besser abgesichert zu haben, da er damals noch mit Frankreich verbündet war. Österreich, das immer noch die an Preußen verlorene Provinz Schlesien wieder besitzen wollte, konnte dadurch keinen Flankenangriff beginnen, ohne auf Widerstand zu stoßen. In der Folge verbündete sich Frankreich aber mit Östereich, um gemeinsam mit dem Habsburgerreich gegen Preußen vorzugehen und außerdem das Kurfürstentum als Faustpfand gegen England zu besetzen. Kurhannover gehörte in der Folge zu den stark betroffenen Gebieten im Verlauf der nächsten sieben Kriegsjahre.

Die Regierung der Geheimräte in Hannover blieb jedoch weiterhin zögerlich, weil man Frankreich nicht zu Kampfhandlungen reizen wollte. Dabei spielte der Pferdehandel eine gewisse Rolle, denn Militärpferde waren nun mal ein wesentlicher Teil der Rüstung. In dem Protokoll einer Sitzung des geheimen Ratskollegiums vom 24. Dezember 1756 werden die Überlegungen dazu deutlich (Kurzfassung):

*Es wurde über die Einschränkungen des Pferdehandels beraten. Der königlich Preußische Kriegs- und Kammerpräsident v. Massow hatte angetragen, die Pferdeausfuhr zu verbieten.*

*Anfänglich habe er gebeten die Pferdeausfuhr nach Österreich zu verbieten, ihm wurde aber entgegnet, dass dieses Land nicht schuldig sei und man schon lange keinen Krieg mehr mit den Kaiserlichen gehabt hätte. Er habe auf dem Verbot bestanden, ihm sei aber entgegnet worden, dass dann der Handel nach Wien unter der Hand doch bestehen bleiben würde. Man habe dann geantwortet, dass man sich nach den Lieferanten erkundigen wolle und den Handel auf gütlichem Wege zurückhalten.*

Dem Protokoll wurde ein auf Französisch abgefasstes diplomatisches Schreiben (Pro Memoria) des Herrn von Massow beigefügt. Er wies unter anderem darauf hin, dass die Pferdelieferungen nach Österreich nicht im Sinne seiner Majestät des Königs von Großbritannien sein könnten. Massow argumentierte, dass eine Verstärkung der kaiserlichen Macht bei dem andauernden Kriege mit Preußen nachteilig für die Sicherheit Hannovers wäre. Zudem führt er an, dass der Landmann wegen der stark steigenden Fourage-Preise und der Aussicht auf Gewinn bei hohen Pferdepreisen sich von „*Pferden ganz entblößen*" würde, was sehr nachteilig für die Landesökonomie wäre. Außerdem fehlten der hannoverschen Armee in der Folgezeit die nötigen Pferde. Das waren durchaus stichhaltige Argumente, die der Rat nicht einfach vernachlässigen konnte.

Am 28. Dezember 1756 beriet der Geheime Rat erneut über das Thema. Inzwischen hatte sich der königlich preußische Generalleutnant von Schmettau zusätzlich eingeschaltet, um die Bitte des Kammerpräsidenten von Massow zu unterstützten. Der Generalleutnant hielt sich zu den Verhandlungen in

Hannover auf und schrieb am 31. Dezember 1756 einen Brief (französisch) an den Geheimen Rat. Von Schmettau meldete insbesondere, dass erneut 1700 Pferde nach Österreich über Händler aus Langenhagen geliefert werden sollten, davon 850 bereits im März, der Rest würde nach und nach ebenfalls aus Langenhagen geliefert werden. Er verwies auf die laufenden Verhandlungen und betonte die gegenläufigen Interessen seines Herrn sowie des Britischen Königs. In Hannover waren nunmehr höchste preußische Offiziere im diplomatischen Einsatz. Friedrich II. nahm die Pferdelieferungen an den Feind sehr ernst.

Der Geheime Rat in Hannover konnte sich wieder nur dazu verstehen, den Pferdehandel nach Österreich etwas zu behindern. In einem Pro Memoria vom 1. Januar 1757 bestätigen die Räte nochmals diese Auffassung. *„Man wolle zwar Seiner Königlichen Majestät von Preußen guten Willen zeigen, verweise aber auf die Behinderungen bei dessen Umsetzung. Man wies erneut darauf hin, dass kein Krieg zwischen ihrem allergnädigsten Herrn und der Königin von Ungarn und Böhmen bestehe und daher ein öffentliches Verbot anstößig sei. Wenn der Handel unterbunden würde, käme alsbald eine Bitte des Hofes zu Wien denselben mit spezieller Erlaubnis wieder aufnehmen zu lassen. Außerdem würden zwar Pferde großenteils aus hiesigen Landen ausgeführt, aber auch sehr viele aus Holstein, Oldenburg und Mecklenburg, deren Durchfuhr man dann ebenfalls verbieten müsste. Auch ohne an den Schaden zu denken, den Landes Eingesessene dadurch erleiden würden, würde doch viel Aufsehen mit widriger Wirkung erweckt. Man wolle daher nur indirekt auf die Pferdelieferanten einwirken, dass sie den Handel mit Österreich einschränken."*

Dieser Pferdehandel war erkennbar zu einer Frage von Krieg oder Frieden geworden. Dabei hatten die Geheimräte jedoch nur eine auf engere hannöversche Sicht beschränkte Perspektive eingenommen. Ihnen war nicht bewusst, dass der begonnene Krieg längst nicht mehr als begrenzte, lokale Affäre gelten konnte, sondern zu einer weltweiten Auseinandersetzung angeschwollen war. Ein halbes Jahr später, im Sommer 1757, griff eine französische Armee Kurhannover an. Nach der im Endeffekt verlorenen Schlacht bei Hastenbeck konnte der Vormarsch dieser Armee nicht weiter aufgehalten werden, so dass der Herzog von Cumberland (Sohn Georgs II.) das Kurfürstentum wegen der Konvention von Zeven[*] weitgehend den Franzosen überlassen musste.

Zurück zum Pferdehandel. Am 3. Januar 1757 wurde immerhin eine Verordnung des britischen Königs und hannoverschen Kurfürsten nach Stade versandt, dass der gesamte Pferdeexport bis auf weiteres verboten sei. In diesem Zusammenhang kann man eine Merkwürdigkeit konstatieren, die wohl nicht nur dem Zeitverlauf im damaligen Postwesen geschuldet ist. Die Geheimen Räte baten den König nämlich einen Tag später (Schreiben vom 4. Januar 1757) ihre Entschließung zu bewilligen. Darin ist neben ihrer Beschreibung der bisherigen Verhandlungen eine Erklärung zu finden, wa-

---

[*] Der in Zeven abgeschlossene Waffenstillstand bedingte den Rückzug der hannoverschen Truppen ins Lauenburgische, nur bis 6000 Mann durften in der Festung Stade verbleiben. Die Hilfstruppen waren zu entlassen. Die Konvention erkannte Georg II. jedoch nicht an, sein Sohn wurde als Truppenführer entlassen und in der Folge verstärkte man den britischen Kriegseinsatz.

rum man dann doch der Bitte des preußischen Königs nachgekommen war, nämlich um diesem 1. einen Gefallen zu erweisen, 2. zu verhindern, dass das Land von Pferden entblößt wird, die man demnächst selber für Artillerie und Train brauchen würde. Das Edikt mit dem Verbot sei bereits unter der Presse.

Wenige Tage danach erfolgt die Bestätigung von Georg II. für den Beschluss der Geheimen Räte aus dem Dezember 1756, dass Pferdelieferungen an die Österreichische Armee gehindert werden sollen, indem man die Lieferanten ersucht, diese zurück zu halten.

*Ut in rescripto St. James 7. januarii 1757*

*George R*

Elf Tage später wurde dann das von den preußischen Offizieren gewünschte Verbot im Palast von St. James in London genehmigt, zu dem sich die Geheimräte am 4. Januar entschlossen hatten. Das umfangreiche Dokument enthält einige interessante Einzelheiten, die hier stark gekürzt angeführt werden:

*Bestätigung von Georg II an die Geheimen Räte, dass die Pferdelieferungen an die Österreichische Armee verboten werden sollen, nach dem inzwischen in London vorliegenden Bericht und Gesuch der Geheimen Räte. Dessen Inhalt wird ausführlich wiederholt – Argumente für das Verbot. Man bittet um einige Abdrücke des bereits vervielfältigten Edikts. Insgesamt werden die Aktionen des Geheimen Rats gelobt.*

*Besonders wurde die Maßregel gelobt, die die Räte wegen einer im Hannoverschen erfolgten Aktion der preußischen Truppen beschlossen hatten* [im Wortlaut]:

*„Aufhebung einer – vermutlich der Österreichischen Armee destinierten Koppel von 42 Pferden des Langenhagenschen Roß-Händlers Ehlers sofort nach Minden geschrieben, die Losgebung der Menschen und Pferde, die Bestraffung der Thäter, und die Enthaltung von dergleichen Thätlichkeiten begehret, mithin unseren Beamten zu Stoltzenau rescribiret habet, hinkünftig Gewalt mit Gewalt zu vertreiben; sondern es ist auch unser gnädigster Befehl, daß, wenn nicht bei Einlangung dieses solchem Begehren schon ein Genüge sollte geschehen seyn, ihr deshalb an den Grafen von Podewils* dringend Vorstellungen gelangen laßet.“*

*Ut in rescripto St. James 18. januarii 1757*

*George R*

Dieser Vorgang zeigt deutlich, wie die Machtverhältnisse tatsächlich waren. Die preußischen Militärs hatten keine Lust mehr, bei der hinhaltenden Taktik der hannoverschen Geheimräte auf ein Ende der Pferdelieferungen an den Feind zu warten. Sie griffen Rosshändler Ehlers aus Langenhagen noch auf kurhannoverschem Gebiet auf, nahmen ihm die Pferde ab und setzten ihn im preußischen Minden fest. Diesen Übergriff wollten die Räte nicht hinnehmen. Ihr Herrscher in London ebenfalls nicht. Aber der nachträgliche Unmut hat ihnen oder dem Händler aus Langenhagen nichts genützt. Preußen diktierte am Ende das Geschehen.

---

* Heinrich Graf von Podewils (1696 - 1760) war königlich preußischer Wirklicher Geheimer Staats-, Kriegs- und Kabinettsminister.

Das Verbot der Pferdeausfuhr vom 3. Januar 1757 wurde gedruckt und überall im Lande bekannt gemacht.[9] Es erregte allerdings alsbald den Widerspruch der Pferdehändler, denn sie wollten sich nicht mit dem Verlust ihres Hauptgeschäfts abfinden. Allerdings musste jedem angesichts der kriegerischen Lage klar sein, dass dieses Verbot nicht aufgehoben werden würde. Da bot es sich eher an, es in gewissen Punkten aufzuweichen. In diesem Interesse hatten Pferdehändler an die Beamten zu Stade appelliert, doch wenigsten den Außenhandel mit jüngeren Pferden - Fohlen – zu erlauben, denn diese konnten bekanntlich noch nicht militärisch genutzt werden (Remonten sollten 5 Jahre alt sein). Die Räte aus Stade hatten wegen vieler Nachfragen der Untertanen schon am 13. Februar an die Geheimräte in Hannover geschrieben und angeregt, den Verkauf zweijährige Fohlen außer Landes zu erlauben. Mit ihrer Antwort vom 28. Februar genehmigten die Geheimräte solche "*Concessiones*" zu machen. Mit Imprimaturvermerk vom 2. März 1757 wurde kurz danach eine entsprechend überarbeite Schrift der "*Declaratio des Verbots der Pferde-Ausfuhr vom 3. Januar 1757*" in den Druck gegeben und veröffentlicht.

Anscheinend planten die Verantwortlichen in Hannover im Folgejahr, das schon stark durchlöcherte Verbot ganz aufzuheben. Dagegen rührte sich dann doch Widerstand. Eine wahrscheinlich aus Militärkreisen stammende Denkschrift vom 18. Dez. 1758 enthält die wesentlichen Bedenken zur Aufhebung des Verbots vom 3. 1. 1757:

*"Bevor die heute beliebte Landes-Verordnung, wodurch die Durchfuhr der Perde verboten werden soll, ohne Anstoß ausgesetzt*

*werden kann, wird eine nähere Determination der Materialien nötig*
*seyn.*
*Der casus ist dieser: unterm 3. Jan. 1757 ist die Ausfuhr von*
*Pferden generaliter verboten ..., kaum 2 Monate nachher näml. den 2.*
*März 1757 aber per modum declarationis dagegen erlaubt*
*a) dreijährige Pferde oder sogenannte Füllen .. zu verkaufen*
*b) einzelne gleichfalls ...*
*c) einzelne Pferde auf auswärtige Jahr-Märkte zu bringen.*
*Die zweite Verordnung vernichtet die erste fast zur Gänze. Zu*
*beachten ist:*
*zu 1. sind die Pferde so vergriffen, daß zum Verkauf ohnehin nur*
*Dreijährige mehr übrig sind*
*zu 2. können Pferde von Sublieferanten einzeln auf den Peineschen*
*Markt gebracht werden, wo sie von feindlichen Lieferanten zusammen*
*gefasst und ohne Kontrolle außer Landes gebracht werden.*
*...*
*deswegen meine unterthänige Anfrage ... "*

Der Verfasser war sicher, dass die so aufgeweichte Verordnung keinen Sinn und Effekt mehr hatte. Daher sollte sie nach
seiner Meinung schleunigst wieder verschärft werden. Auch
andere wollten den fröhlichen Pferdehandel mit dem Feind
nicht dulden. In einer handschriftliche Vorlage vom 21. Dec.
1758 wurde klar erklärt, warum das Verbot nicht aufgehoben
werden dürfe:

*Anderweites Verbot wegen der Pferde Aus- und Durchfuhr*
*...*
*"Da Handel und Wandel mit Gründen stille steht und nach*
*gemeinen Rechten verboten ist, Waffen und zur Armatur gehörige*
*Dinge dem Feinde zuzuführen, so versteht es sich von selbst, und saget*
*es einem Jeden die gesunde Vernunft, daß, nachdem Wir in unseren*
*Landen feindlich überzogen und ungerechter Weise mit Krieg*

*angefallen worden sind, es keinem unserer Unterthanen erlaubt seyn könne, Pferde Lieferungen vor unsere Feinde und ihre Angehörigen, es sey mittelbar oder unmittelbar, zu übernehmen oder zu leisten."* ...

Danach ging alles sehr schnell. In ihrem *„Allerunterthänigsten Schreiben"* vom 26. Dezember 1758 informierten die Geheimen Räte König Georg II. über die wieder schärfer formulierte Fassung des alten Verbots. Die Post nach London war relativ schnell unterwegs, denn der König signierte die Antwort an die geheimen Räte mit seiner Approbation für die bereits gedruckte und in Umlauf gebrachte Verordnung mit Datum *„St. James den 5. Januar 1759"*.

Doch das strenge Verbot des Pferdehandels mit dem Ausland bedurfte immer noch einiger Klärung. Weil das Kurfürstentum Braunschweig-Lüneburg aus einem Flickenteppich teilweise unabhängiger Landesteile bestand, die vor nicht allzulanger Zeit noch „Ausland" waren, wollten einige Pferdehändler wissen, wie sie sich verhalten sollten. In Folge dieser Anfragen meldete sich die *„Königl. Großbritannische und Kurfürstliche Regierung der Herzogtümer Bremen und Verden"* mit Brief vom 23. Februar 1759 bei den Geheimen Räten in Hannover: *„Es haben einige Untertanen darum gebeten, eine gewisse Anzahl von Pferden auf den in Kürze einfallenden Pferde-Markt zu Uelzen bringen zu dürfen."* Die zu erwartende Antwort war positiv: *„Es bestehen keine Bedenken, Pferde zwischen verschiedenen Provinzen des Landes zu handeln. Allerdings müssen die Händler zur Verhütung des Unter-schleifs ehrlich schwören, dass sie die Pferde nur dorthin und nicht an andere Orte bringen wollen."* Im Punkte des ehr-lichen Schwörens öffnete sich eine Tür für anderweitigen

Handel.

Trotz solcher Bemühungen ging der Verkauf von Pferden aus Norddeutschland weiter. Im Jahr 1760 stellten Aufkäufer Pferdelieferungen in Holstein zusammen, die dann per Schiff über Holland nach Frankreich gehen sollten. Die Kurhannoversche Verwaltung hatte durch einen Spion davon Wind bekommen. Von Januar 1760 bis September 1761 ging die Aktion. Weil Eisgang und widrige Winde die Segelschiffe in der Bucht von Büsum festhielten, benutzten einige Händler den Landweg über Hamburg. Dabei mussten sie Kurhannover durchqueren, wenn sie an die Franzosen liefern wollten. Das scheint trotz mehr oder weniger wachsamer Zollbeamter durchaus gelungen zu sein. Auch in diesem Fall waren Leute aus Langenhagen mit im Spiel, allerdings nur als Koppelknechte. Näheres steht in dem Bericht des Harburger Amtmanns v. d. Schulenburg vom 1. März 1760 an die Geheimräte in Hannover:

*„... hat sich begeben, daß vorigen Mittwoch war der 22$^{te}$ Febr. bey der Wuhlkote(einem Paß von Morburg) 10 remonte Pferde a conto Moses Levi in Hannover durch 2 Kerls aus Langenhagen hindurch schon bis Hitfeld einem Weiler von hie passieret, welche der Amtmann v. Harding, weil er nehmlich die Langenhagener kennte, weiter fort lassen wollte, weil aber kein Paß königl. Regierung dabey, so trauete der Angabe nicht, daß solche für das Königl. Preußische Finkensteinsche Regiment, und vor das mahl wurden solche zu Hitfeld nach meiner Meinung angehalten. Wie denn auch nachero noch mehrere Koppel so wie der Amtmann Harding erzählet von ihm angehalten worden. Der Auffseher der Wuhlkote Lozer, hat mir an eben dem Mittwoch erzählet, wie ein Kerl sich bey ihm erkundiget, ob nicht Pferde dadurch gelaßen werden könnten. Wie er erwidert, daß*

*solches mit einem Paß Königl. Regierung wohl anginge, habe er unwillig gesagt, so ginge es zu Tollenspicker doch an.*

*Eben dieser Lozer vermeldete, wie eine gute Anzahl Pferde, so zu Mohrburg gestanden, bey Neuengrabe oder Hausbruch durchgeschlichen. Heute Morgen habe [er] Kerls mit Bendel auf dem Puckel, so als Pferde-Treiber aussahen, in der Stadt gehen sehen. Es verlautet, daß Juden schon voraus, um an Orten wo keine Zollstädte oder Auffsicht, Herbergen für Pferde zu bestellen.*

*Diejenigen so Pferde hindurch bringen wollen, melden sich am liebsten bey dem Beamten, bey welchem selbige ein geneigtes Gehör anzutreffen hoffen, bisweilen erfahren [wir] den Durchmarsch nicht, denn ein jeder Beamter protocolliert und verfahret nach Gutdünken. Bloß der Höflichkeit des Amtmann Harding habe [ich] zu verdanken, daß [ich] etwas erfahren [habe].“*

Von der Schulenburg vermutet im weiteren Schreiben, dass die Franzosen beim Durchbringen der Pferde „reüssieren“. Das dürfte auch nicht so schwer gewesen sein, denn Schleichwege um die Zollstellen waren immer zu finden. Wenn man nicht zu viele Pferde an der Hand hatte, ging es auch im unwegsamen Gelände ganz gut. Außerdem scheint es Beamte gegeben zu haben, die einen inhaltsreichen Händedruck zu schätzen wussten, wie der Amtmann im Schreiben andeutet. Da v. Harding *„die Langenhagener kennete“*, ist klar, dass diese Pferdeknechte öfter passierten. Als Bauernsohn und Koppelknecht aus Langenhagen kam man schon im 18. Jahrhundert durchaus herum.

Aus den Jahren 1759 bis 1762 sind noch viele Pferdepässe archiviert, die guten Einblick in den damaligen Pferdehandel erlauben. 8.108 Pferde durften die Händler ausführen, davon waren 7.726 für eigene oder preußische Truppen bestimmt. Für zivile Zwecke konnten nur 382 Pferde das Land verlassen.

Davon sollte die Mehrzahl an am Krieg unbeteiligte Fürstlichkeiten geliefert werden. Auch für kleine Lieferungen an den bedeutenden Pferdemarkt im ausländischen Peine gab es Pässe. Diese Genehmigungen erhielten Bauern, die ein überzähliges Arbeitspferd verkaufen wollten. Der Peiner Posthalter durfte sogar 6 Kutschpferde in Kurhannover erwerben und mit aus dem Lande nehmen. Die weiteste Lieferung ging damals in die Schweiz. Abgesandte aus Bern durften zwölf Pferde für ihre Stadt erwerben.

In den Pässen vermerkte die Behörde in der Regel den Wohnort des Händlers. So kann man heute noch feststellen, wo die Rosshändler mit dem größten Anteil am Handel saßen. Hier die Rangliste der wichtigsten Orte und Händler:

| | | | |
|---|---|---|---|
| 1. | Heitlingen | 1.813 Pferde | Heinrich D. Lindemann |
| 2. | Langenhagen | 829 Pferde | H. Kuhlmann & Co |
| 3. | Isernhagen | 624 Pferde | Gebrüder Eilers |
| 4. | Heisede | 604 Pferde | Gebrüder Ehlers |
| 5. | Bothfeld | 450 Pferde | Georg Bartmer |
| 6. | Hannover | 395 Pferde | diverse Händler |

Die noch 1755 stark beteiligte Familie Nordmeier aus Osterwald – einem damals sehr bedeutenden Handelsort für Pferde – tauchte zunächst nur wegen eines Zollvergehens in Meinersen auf. Bei der Gelegenheit wurden zwei Pferde von acht beschlagnahmt. Später wirkte Nordmeier als Kompagnon des Händlers Lindemann aus dem benachbarten Heitlingen auf. Dabei ging es um eine Lieferung von 500 Pferden im Jahr 1759. Auch bei anderer Gelegenheit wurden Nordmeier und Lindemann auffällig. Lindemann musste 1763 zwei Pistolen (Dukaten) Strafe zahlen, weil er die preußische Anforderung für 395 exportierte Pferde nicht rechtzeitig vorlegte. Aus die sem Vorgang kann man entnehmen, dass die genehmigende Behörde sich nicht auf Angaben der Händler verlassen wollte. Sie wollten schon einen schriftlichen Beleg – meistens des Regimentskommandeurs – einsehen, dass die Pferde tatsächlich an verbündete Truppen geliefert wurden.

Händler aus dem Amt Langenhagen hatten einen bemerkenswerten Anteil am damaligen Handel mit Militärpferden. Über 3000 Pferde, rund 40 % des gesamten Handels, verkauften Einwohner von Langenhagen, Bothfeld und Heitlingen, das damals noch zum Amt gehörte. Die vorliegenden Daten weisen eindrücklich darauf, dass der lokale Pferdemarkt in Amt und Dorf Langenhagen weniger wichtig war. Der Handel mit Militärpferden, die man zum Teil an weit entlegenen Orten kaufte, hatte dagegen sehr große Bedeutung. Das lag an großen Unternehmungen einzelner Händler, die mit sehr viel Geld ins Risiko gingen. Die enormen Summen für den Ankauf der benötigten Pferde hatten sie in der Regel nicht zur Hand. Sie mussten sich das meiste leihen und verzinsen. Die üblichen Zinsen betrugen damals vier bis fünf Prozent pro Jahr. Bei einem Handelsvolumen von 20.000 Reichstalern wären 800 bis 1.000 Taler jährlich fällig. Ein wohlhabender kurhannoverscher Bauer verfügte damals allerdings nur über ein jährliches Einkommen von 120 bis 200 Talern. In Langenhagen dürfte es wegen der geringen Erträge eher weniger gewesen sein. Die Annahme liegt nahe, dass die Händler Geld von vielen Leuten ausborgen mussten, um den Ankauf von einigen hundert Pferden finanzieren zu können. Wenn der Preis beim Einkauf die o. a. 40 Taler betrug, musste der Händler für 100 Pferde 4.000 Taler auf den Tisch zählen. Diese Anzahl Pferde hatte aber kein Bauer im Stall. Die einzelnen Züchter konnten allenfalls ein oder gelegentlich zwei im Jahr verkaufen. Für die großen Geschäfte waren daher entweder umfangreiche Handelsreisen oder gute Verbindungen mit Zwischenhändlern erforderlich, um die gewünschten Zahlen in absehbarer Zeit liefern zu können. Außerdem waren die Reisen mit großen Bargeldsummen in unsicheren Kriegszeiten nicht ohne Risiko. Man darf sich den Handel mit Militärpferden nicht allzu einfach vorstellen.

Wohin wurden die 826 Pferde die Langenhagener Händler Kuhlmann & Kompanie geliefert? Sie gingen im Jahr 1760 hauptsächlich an verbündete Truppen: am 6. März 400, am 1. April 90 und am 30. April 150 Pferde für die kurhessische Kavallerie. Zuvor hatte er am 6 Juni 1759 189 Pferde für fürstliche Truppen nach Kassel geliefert. 16 Pferde wurden aber an der Grenze zurückgewiesen, weil er für sie keinen Pass vorweisen konnte. Die Händler hatten wohl geglaubt, dass die Zöllner schon nicht so genau zählen würden.

Kassel war damals von den wieder vorrückenden französischen Truppen bedroht, die das Kurfürstentum Hannover erneut erobern sollten. Es war keineswegs sicher, dass die Pferde den alliierten Truppen im Siebenjährigen Krieg zugute kommen würden. Wenig später gelang diesen jedoch ein wichtiger Erfolg in der Ende Juli geschlagenen Schlacht bei Minden, die zum Rückzug der Franzosen führte. Die 1760 an die hessische Armee gelieferten Pferde waren zur Remontierung der Kavallerie bestimmt, denn deren Pferde waren in den Kriegsjahren zwischen 1756 und 1759 weitgehend verloren gegangen.

Die Pferde, die Heinrich Daniel Lindemann zwischen 1759 und 1762 lieferte, waren vor allem für die preußische Kavallerie bestimmt. Lieferungen aus Hannover gingen dagegen an verschiedene Abnehmer in eher kleinen Stückzahlen. Eine Ausnahme bestand im Handel des hannoverschen Hofjuwelier und „Schutzjuden" Moses Levy, der einmal 40 und später 50 Pferde an Preußische Regimenter verkaufte.

Die oben genannte Zahl von 7.726 Militärpferden verkauften rund 80 verschiedene Händler. Im Durchschnitt handelte also jeder nur mit knapp 100 Pferden. Dieser Wert täuscht allerdings erheblich, da Lindemann aus Heitlingen über 1800 Pferde außer Landes verkaufte und die Brüder Kuhlmann & Kompanie aus Langenhagen weitere 829 beisteuerten. Für die wirklich großen Geschäfte kamen eben nur wenige Händler infrage. Die sechs jüdischen Händler, denen Pässe erteilt wurden, verkauften zu der Zeit insgesamt 948 Militärpferde. Sie waren demnach mit 12,3 % an dem gesamten Geschäft beteiligt. Der Händler Lindemann erreichte allein fast den doppelten Anteil. Von einer jüdischen Vormacht in diesem Handel kann keinesfalls gesprochen werden.

## Pferdehandel zur Zeit der Koalitionskriege

Einige Jahre später drehte der damals reichste Langenhagener, der Zollpächter Gotthard Eicke, an einem großen finanziellen Rad. Wie schon zuvor florierte der Pferdehandel in Kriegszeiten besonders. In diesem Fall handelte es sich um den ersten Koalitionskrieg (1792 – 1797) gegen das revolutionäre Frankreich. Zur Koalition der monarchisch organisierten Länder gehörten Österreich und Preußen nebst ihren Verbündeten, später auch Großbritannien (Februar 1793) und weitere Länder. Da Preußen sich bereits 1792 aufgrund der ungünstigen und falsch eingeschätzten Verhältnisse wieder zurückzog, blieben Österreich und Großbritannien als Hauptgegner der französischen Heere über. In diesem Zusammenhang kam es zu folgendem lokalen Ereignis:

*Actum Meinersen den 26 October 1793[10]*
*Es erschien der Paß-Schreiber Heidorn von der Landwehr und zeigte an:*

*den 13ten dieses wären 41 Stück Pferde, die dem Roßhändler Plincke aus Langenhagen gehören sollten, desgleichen*
*den 17. dieses 54 Stück Pferde, die dem Roßhändler Eicke daselbst gehören sollten, als Kaiserliche Remonte Pferde zum Paß Landwehr ohne die in der Verordnung vom 15. April d. Jahres befohlene Producirung der Pässe Königlicher Regierung durchgetrieben und nach Peine zu außer Landes gebracht.*
*Der bei den Koppeln befindlich gewesene Schaffer habe gesagt: daß die Pässe nachfolgen sollten, er habe sie aber noch nicht gesehen. Da diese Pferde durchs Amt Burgdorf über Immensen kämen, so liege es an den Paß- und Zoll-Aufsehern an diesem Orte, daß er diese Pferde ohne Paß habe passieren lassen. Er habe sie damit nicht aufhalten können.*

*Amtswegen*

*Es habe Denunciant sich schlechterdings nach der Verordnung vom 15ten April d. J. zu richten, mithin ohne Paß Königl. Regierung keine Pferde außer Landes passieren zu lassen, allenfalls den Schlagbaum zu schließen, und alle Contraventions-Fälle gehörig anzuzeigen, übrigens solle davon an Königl. Regierung berichtet werden*

*Ut sura*

   *in fidem*

      *C. H. v. Wersebe*

Wie es nachträglich aus den Akten abzulesen ist, waren Eicke und Plinke geschickt vorgegangen. Für den denunzierten Zöllner aus Immensen wurde es dagegen peinlich. Er verteidigte sich mit der Entschuldigung, die Pferdehändler Eicke und Plinke hätten General-Pässe vorgezeigt. Er wurde darauf angewiesen, bei ähnlichen Vorfällen die Pferde zu arretieren. Eine weitere Zurechtweisung kam als Weihnachtsgeschenk mit einem Schreiben der *„Königlich Großbritannischen zur Churfürstl. Br. Lünebg. Regierung verordnete geh. Räthe"* vom 23. Dezember 1793. Darin teilte man dem Vogt und Zöllner Harstrick zu Immensen mit, dass er schon schärfere Maßregeln verdient hätte, wovon aber abgesehen würde, wenn er *"führohin es in der genauesten Beobachtung der erlassenen Patent-Verordnung wegen der Pferde-Ausfuhr bei ihm fehlen sollte, den Verlust des Dienstes ..."*

Das Ganze hatte damit noch nicht sein Bewenden, denn man wollte auch die Pferdehändler ermahnen. Ein Brief des Amtes Burgdorf an das Amt Langenhagen wurde deutlich:

*Burgdorf, den 18. November 1793*

... *"den Roßhändlern Plinke und Eicke bekannt zu machen, daß ihnen hinführo und bis dahin, daß die Verordnung vom 15. April d. J. aufgehoben ist, Pferde die außerhalb Landes sollen, hier ins Amt kommen und es an den erforderlichen Pässen dabey fehlet, bis dahin, daß solche producirt werden, die Pferde arretiert werden sollen."*

Eicke scheint sich nach diesem Hinweis entsprechend vorgesehen zu haben, denn er beantragte einen Pass für einen weiteren Pferdetransport, der gut zwei Monate später wieder über Immensen und Peine laufen sollte. Der Pass enthielt die folgenden Aussagen:

*„... nachdem der Roßhändler Eike verordnungsmäßig nachgesucht, daß zur Ausführung von neunzig Stück Pferden, welche nach Leipzig über Peine transportiert werden sollen, ihm ein Paß ertheilet werden möge und dabey vorwaltenden Umständen nach kein Bedenken gefunden ist, so werden die Amts Zöllner, Obrigkeiten und Gerichte in unseren deutschen Landen hierdurch befehliget und angewiesen, auff Vorzeigen dieses, gedachte Neunzig Stück nach Leipzig gehende Pferde ungehindert passieren, transportieren und ausführen zu laßen, jedoch daß die gebührende Zoll und andere Abgaben davon erleget, und dieser paß auff die Grenze zurück gegeben werden muß. Es gilt übrigens dieser Paß bis zum 31ten dieses Monats*

> *gegeben Hannover den 6. Januar 1794*
> *Unseres Reichs im Neun und Dreißigsten[\*]*
> *Ad mandatum Regis et electis*
> *v. Kielmannsegge*

Die Sache mit dem Generalpass muss noch in Erinnerung

---

[\*] Nicht ganz richtig, Georg III. war erst seit 1760 also im 34. Jahr König.

gewesen sein, denn Eicke wurde eindeutig darauf hingewiesen, dass dieser Pass nur begrenzt gültig war, nämlich bis zur Grenze (dort abzugeben) bzw. bis zum 31. Januar. Warum er für den Pferdetransport nach Leipzig nicht den direkten Weg von Langenhagen aus wählte, sondern seine Koppelknechte mit den Pferden über Peine ziehen lassen wollte, ist nicht einfach zu erklären. Denkbar wäre ein Ankauf der Pferde im Burgdorfer Raum. Von dort führt der kürzeste Weg, immerhin mehr als 230 km, über Peine, Halberstadt, Aschersleben und Halle nach Leipzig. Außerdem war der Pferdetransport in Peine bereits außer Landes, denn dieser Ort gehörte damals zum unabhängigen Fürstentum Braunschweig-Wolfenbüttel. Ob das vorteilhaft war, wäre nach Kenntnis der damaligen Straßenverhältnisse sowie der Zahl der Zollstellen auf dem Weg zu ermessen. In jedem Fall waren neben Preußens Landesgrenzen die Grenzen einiger kleiner Fürstentümer wie Sachsen-Anhalt zu passieren.

Die geschäftliche Verbindung zu dem bekannten Messeplatz Leipzig konnte dem Pferdehändler Gotthard Eicke nutzen. Dort hatte er über seine Zwischenhändler eine Station mitten in Europa, die Lieferungen an kriegführende Herrscher im Süden erleichterte. Außerdem war Sachsen mit Österreich im Bunde. Lieferungen an das kaiserliche Heer wurden dort wohlwollend begleitet. Im Übrigen interessierten sich international tätige Rosshändler weniger für die Kabinettspolitik der deutschen Kleinstaaten. Ihr Augenmerk galt wohl eher möglichst großen Geschäften. Wenn man die im Januar 1794 verhandelten 90 Pferde mit 100 Reichstalern pro Tier ansetzt, dann war Eicke mit einem Wert von 9.000 Talern unterwegs. Goethe erhielt als Minister in Weimar 1776 die fürstliche Besoldung von 1.200 Talern im Jahr. Nach diesem Maßstab kann man ungefähr ermessen, mit welchen Summen Rosshändler Eicke in seinem Geschäft umging. Natürlich musste er die Pferde zunächst kaufen und dafür ggf. kurzfristig Geld aufnehmen, so wie es schon seine Vorgänger Schaumann und Peters 1735 gehalten hatten. Er trug ferner das Risiko des Transports und musste der Zahlungsfähigkeit seiner Abnehmer vertrauen können. Kamen aber alle Pferde wohlbehalten am Ziel an und wurden ordentlich bezahlt, dann blieb sicher eine hübsche Summe übrig. Kein Wunder, dass Eicke noch mehr davon haben wollte. Er unternahm den größten Pferdehandel, der mir bekannt ist.[11]

Dieser jede bisherige Dimension sprengende Handel erregte allerdings allerhöchste Aufmerksamkeit in den Monaten April und Mai 1796. Das war ein politisch sehr brisanter Zeitpunkt. In diesen Monaten führte Napoleon als Feldherr für das revolutionäre Frankreich erfolgreich Krieg im Norden Italiens gegen Östereich und das Königreich Sardinien-Piemont. Dieses Königreich nahm 1756, wie oben erwähnt, am großen Pferdehandel teil. Im ersten Koalitionskrieg bestand seit dem 1. Januar ein Waffenstillstand mit dem Rhein als Grenze zwischen den gegnerischen Truppen. Dieser wurde jedoch am 21. Mai von Österreich aufgekündigt. Am 31. Mai begannen die Kämpfe erneut. Damit ist einerseits klar, dass Frankreich nach vier vorangegangenen Kriegsjahren großen Bedarf an Remonten für seine Truppen hatte; andererseits konnten Lieferungen des geschäftstüchtigen Rosshändlers aus Langenhagen an den Feind wohl kaum geduldet werden.

Die vorhandenen Kabinettsakten zeigen, was sich damals ereignete:

*An das hiesige Ministerium Hannover d. 15 ten April 1796*
*von dem General der Cavallerie*
*Grafen von Wallmoden*

*P S*

*Ew Excellenzen geneigtes Schreiben vom gestrigen Dato habe ich zu erhalten die Ehre gehabt, und behalte ich mir vor, hierüber meine gehorsamste Antwort einzusenden.*

*Gegenwärtig nur kann ich keinen Umgang nehmen Ew Excellenzen in beigehender Note eine Nachricht mitzutheilen, nach welcher dem Zollverwalter Eicke zu Langenhagen eine anderweite Lieferung von 25.000 Pferden, für französische Rechnung anerboten ist.*

*Wie ich für die Authenticität dieser Nachricht bürgen kann und es mir nicht wenig auffallend zu seyn dünkt, daß dieser Antrag gedachtem Eicke von Potsdam aus geschehen sey, so muß ich Ew. Excellenzen anheim geben, es nicht besonders bei denen jetzigen Conjuncturen, die gefällige Verfügung getroffen werden möge, daß bei einer so großen Lieferung von Pferden dem Aufkauf und Transport derselben in denen hiesigen Landen Einhalt gethan würde.*

*Ich beharre*

*Hannover*                          *Wallmoden-Gimborn*
*den 15 ten April*
*1796*

Anlage:

Note              Abschrift

Der Zollverwalter Eicke zu Langenhagen hat am 11ten April aus Potsdam die Nachricht erhalten, daß Frankreich eine neue Bestellung von 25.000 Pferden angeboten habe und auf diese sofort einen Vorschuß von 250.000 Rth geben wolle.

Der Jude Feitel in Leipzig, Associé von Eicke hat geschrieben, daß aus Paris 150.000 Rth in Berlin angekommen wären, und daß täglich in Paris auf Conto des Juden Itzig 120.000 Livres gezahlet würden.

Eicke ist, wenn Feitel will, geneigt in diese Lieferung zu treten. Er wollte morgen deswegen nach Leipzig abreisen.

Von dem hiesigen Ministerio       Hannover den 20. April 1796
an das Amt Langenhagen

P S

Es ist bei uns zur Anzeige gekommen, daß der Zollverwalter Eicke in Gemeinschaft mit dem Juden Feitel in Leipzig eine ungemein große Lieferung von Pferden für Frankreich übernommen habe, oder zu übernehmen begriffen sey. Wir geben Euch hierdurch auf, besagtem Zollverwalter Eicke oder, wenn er abwesend seyn sollte, demjenigen, der seine Geschäfte einstweilen verziehet, und nach Zurückkunft ihn selbst vorzufordern, und ad protocullum zu bedeuten, daß er bei Vermeidung unangenehmer Verfügung sich mit dieser

*Lieferung überall nicht zu befassen haben solle. Wir erwarten davon einen Bericht mit Einsendung des Protocollo, imd.*

*Hannover den 20$^{ten}$ April 1796*

*Königlich Großbritannische Geheimräthe*


*Hannover den 24$^{ten}$ April 1796*

*Allerunterthänigstes P. S$^{tum}$*

*Allergnädigster Großmächtigster König und Churfürst allergnädigster Herr!*

*ist von dem General der Cavallerie Grafen von Wallmoden uns die abschriftlich anliegende Anzeige geschehen, daß bei dem in den hiesigen Landen zu Langenhagen wohnenden Pferdehändler Nahmens Eicke, in Gemeinschaft mit einem jüdischen Negocianten zu Leipzig, eine Lieferung von 25.000 Pferden für Frankreich bestellet sey, worauf eine Summe Geldes von 250.000 Rth voraus bezahlt werden solle. Und dem weiteren Vernehmen nach betrifft selbige nicht allein Pferde für die französische Armeen, sondern auch junge Pferde, die in dem Inneren Frankreichs zum Landes Gebrauch vertheilt werden sollen. Wie dieses Vorhaben, das in allem Betracht sehr nachtheilig seyn würde, nothwendig unsere pflichtmäßige Aufmerksamkeit erregen müssen, so bedarf es zwar einer eigenen öffentlichen Verfügung, die auch bedenkliches Aufsehen an der anderen Seite erregen würde, dagegen nicht, indem ohnehin schon die Verordnung vorhanden ist, daß ohne Erlaubniß keine Pferde ausgeführt werden dürfen, auf welche fortwährend genau gehalten wird. Um aber diese Sache zu hemmen und zu unterdrücken, ist erstlich von uns dem Amt Langenhagen in dem Anschluß aufgegeben, dem Pferdehändler Eicke bei unangenehmer Verfügung zu untersagen, sich mit dieser Pferdelieferung zu be-*

*fassen. Und zweitens erhält der Abgesandte von Bremer zu Dresden die allergehorsamst hierbey gefügte Anweisung, dem Chur-Sächsischen-Ministerio hirvon Kenntnis zu geben und anheim zu stellen, daß dem mit interessierten jüdischen Negocianten zu Leipzig gleichfalls die Lieferung verboten werden möge. Wir verstellen solches Euer Königlichen Majestät höchster Genehmigung in tiefstem Respect*

*ut in relatione humillima*

*Kielmannsegge* .... *Arnswaldt* *v.Steinberg*
*/Rudloff*

Eine Antwort Georgs III. ist nicht bei den Akten. Er hatte den Maßnahmen der Hannoverschen Geheimräte sicher zugestimmt.

*Dresden den 29ᵗᵉⁿ April 1796*      *An die Geheimen Räthe*
*zu Hannover*

*Allerunterthänigstes postscriptum*

*Auch Allergnädigster Herr*

*accusiere ich allerunterthänigst den Empfang, des mir vorgestern gewordenen Hochverehrlichen Rescriptes Euer Königlichen Majestät Hochbetrauten Ministerii vom 20ᵗᵉⁿ dieses Monaths in betreff der den Roßhändlern Eicke und Feitel angetragenen Pferdelieferung für das Französische Gouvernement. Ich habe nicht gesäumt, sofort von dem Grafen Loß\* eine Conferenz zu fordern, um dem mir darin ertheilten Auftrage eine Genüge zu leisten, und werde solche noch heute erhalten.*

*Ich ersterbe ut in relat. hum.*

---

\* 2 Okt. 1777 - 1790 Johann Adolf Graf von Loß (g. 1731 - g. 1806/1811) Kriegsminister/Innenminister von Sachsen

*Dresden den 1<sup>ten</sup> May 1796*

*Alleruntertänigstes postscriptum*

*Auch Allergnädigster Herr*

*hat mir der Graf von Loß in der Unterredung, die ich vorigen Mittwoch mit demselben wegen der projectierten Pferdelieferung für Frankreich gehabt habe, die Versicherung gegeben, daß sofort Maaßregeln genommen werden sollten, damit der angegebene Associé des Zollpächters und Roßhändlers Eicke, zu einem solchen Negocie zu concurrieren, außer Stand gesetzt würde, und, wie ich seitdem in Erfahrung gebracht habe, ist schon ein Verboth dieserhalb nach Leipzig abgegangen. Weil aber der bemerkte Mann des Jüdischen Negocianten den hiesigen Ministern gänzlich unbekannt ist, so ist der Obrigkeit in Leipzig aufgegeben, nicht nur diesen Feitel, sondern einen jeden, von welchem in Erfahrung gebracht wurde, daß er an einem solchen Handel Theil nehmen wolle, diese Interrogation bey nahmhafter Strafe zu untersagen.*

*Ich ersterbe ut in relat. hum.*

Diese Maßnahmen wurden nachträglich vom Sächsischen Kurfürsten Friedrich August III. gebilligt:

*P S*

*Auch habt ihr die euch von dem General Grafen von Wallmoden Gimborn zugekommene Nachricht von einem zum Theil in unseren Landen für Französische Rechnung bestellten Pferde-Lieferung, auf die Art am besten benutzt, wie ihr mittelst Berichts P. Scr. vom 24<sup>ten</sup>.d. M. bei uns zur Anzeige gebracht habt, worüber wir auch hierdurch unsere Approbation zu erkennen geben.*

*Wir R. Str     Datum d. 10<sup>ten</sup> May 1796*

Dieser vom Staat unterbundene Handel war das Ende der großen Lieferungen über Langenhagener Pferdehändler. Im 19. Jahrhundert gingen die Militärbehörden beim Pferdekauf anders vor. Man bestellte die Anbieter zu bestimmten Terminen auf spezielle, öffentliche Märkte oder umging den Zwischenhandel ganz, indem Aufkaufskommissionen zu den Züchtern geschickt wurden. William von Hassells Buch „Über die Pferde-Züchtung, den Pferde- und Füllen-Handel und die Remontierung der Cavallerie des Königreichs Hannover" aus dem Jahr 1841 gibt darüber Auskunft.

König Ernst August hatte 1838 die Einrichtung vom Remonte-Commissionen befohlen und dazu neue Richtlinien erlassen. Eine davon sah den Ankauf von Remonten direkt bei den Züchtern vor, u. a. weil man da angesichts der Muttertiere besser beurteilen könne, wie sich die jungen Pferde entwickeln würden. Insgesamt hatte sich in der Vergangenheit herausgestellt, dass die im Handel verfügbaren den gestiegenen Ansprüchen des Militärs nicht mehr genügten. Ältere Pferde waren oft schon so viel im landwirtschaftlichen Zug gegangen, dass sie keine Gangarten für den Ritt im Gelände mehr anboten. Die Kommissionen kauften deshalb nach den neuen Richtlinien jüngere Pferde, deren Entwicklung man selbst über Fütterung und Ausbildung beeinflussen konnte. Preußen hatte so etwas bereits 1797 eingeführt. Von Hassell achtete als Präsident der Ankaufskommissionen außerdem darauf, dass von hannoverschen Züchtern gekauft wurde. Diese Maßnahme sollte sich positiv auf die Zucht auswirken und beließ das Geld im Lande. Ihm war außerdem wichtig, dass die Remonten nicht zu lange im Dienst blieben, damit man sie anschließend noch zu guten Preisen als Reit-, Wagen- oder

Zugpferd verkaufen konnte. In der Zeit um 1840 standen etwa 3.000 Pferde in den Stallungen der hannoverschen Armee. Die Kommissionen mussten jährlich 200 bis 300 Remonten ankaufen, um den notwenigen Ersatz zu sichern. Langenhagener waren daran kaum noch beteiligt. Der Ort war mit seinen mangelhaften Weiden kein besonders geeignetes Zuchtgebiet. Der Pferdemarkt war zum Erliegen gekommen. Jedenfalls nannte William von Hassel andere Märkte, speziell Hoya, Buxtehude, Celle und Hannover. Langenhagen erwähnte er nicht.

Münchener Bilderbogen 1897: Pferdehandel mit Fohlen

**Der Pferdemarkt in Langenhagen**

Außer den bereits dargestellten enormen Handelsgeschäften mit Remonten für diverse fürstliche Truppen im Reich oder das revolutionäre Frankreich kaufte und verkaufte man Pferde in Langenhagen auf dem offenen Markt. Jährlich wurden zwei Kram- und Viehmärkte gehalten. Die älteste Quelle dazu datiert noch vor dem Dreißigjährigen Krieg. Herzog Friedrich Ulrich privilegierte die Einwohner Langenhagens mit zwei Märkten, die jeweils zwei Tage dauern durften.

*Von Gottes Gnaden wir Friederich Ulrich Herzog zu Brwg. und Lüneburg sagen hiemit allem und jedem so diesen Unsern Brief sehen laßen oder hören laßen, gnediglich zu wißen, daß wir Unsern sembtlichen einwohnern und underthanen zum Langenhagen Auß Fürstlicher milde unt güte und ihr unterthäniges suppliciren und Anhalten, Ihnen und ihren nachkommen zum Besten auch Vortsetzunge gemeiner Communicirten Jährlich zwey Vieh und Krämermärkte auf des Montags nach Viti und den andren donnerstages vor estomihi in und vor gedachtem Langenhagen zu halten gendiglich vorschrieben und sie und ihre nachkommen damit privilegirt habe, dergestalt das sie uf bestimt zeit solche Marckte jedesmahl Zwehen tage halten, ein jeder Handels- oder Kaufmann seine Wahre oder Vieh dahin bringen, solches wie gemelt gemeinte Tage feilhaben und verkauffen und sich deßen also nach gemeinen üblichen Jarmärkten Rechten und gerechtigkeiten menniglichs … freiheit gebrauchen solle und mögen.*

*Urkundlich haben wir diess mit eigenen Handen unterschrieben und Unseren fürstl. Burg Canzelei Ort [?] betreiben laßen. Geschehen und geben uf unser Vestung Erichsburg den 7ten january Anno 1618*

*Siegel Friedrich Ulrich*

Der 15. Juni ist der dem heiligen Vitus gewidmete Tag, Estomihi ist der Sonntag vor Beginn der Fastenzeit im Kirchenjahr. Beide Markttage lagen nach bzw. vor der Frühjahrsbestellung, daher zu günstigen Zeiten für Bauern im 17. Jahrhundert. Am 15. Juni war ggf. das Gras schon schnittreif. Allerdings mähte man gern etwas später, um mehr Masse zu haben. Wer Pferde handeln wollte, konnte die genannten Markttage in der Regel gut für solche Geschäfte nutzen.

Zum Verständnis obiger Genehmigung ist ein Blick auf die erwähnten Rechte und Gerechtigkeiten der Märkte hilfreich. Auf dem Markt konnten Käufer und Verkäufer im Grundsatz den Preis für eine Ware frei aushandeln. Dabei sollten Angebot und Nachfrage auf Sicht zum Ausgleich kommen, wie es ökonomische Theorien vorsehen. Bei den Pferden sind aber besondere Bedingungen zu beachten. Häufig kamen zu wenige auf den Markt, insbesondere zu wenig gute, also frische, junge, gesunde sowie in Körperbau und Verhalten korrekte Tiere. Das war für die Verkäufer, speziell professionelle Rosshändler, durchaus vorteilhaft. Dabei muss man nicht gleich

die Frage der verbreiteten Rosstäuscherei aufgreifen, wodurch Käufer bezüglich der Qualität angebotener Tiere ge-
täuscht wurden. (Mehr dazu am Ende des Kapitels.) Wie wir
schon gesehen haben, nutzten die Pferdehändler aus Langenhagen und Umgebung einen sehr weiten Raum für ihre Geschäfte. Der Handel am Ort zu zwei festgelegten Terminen
war für sie nur ein zusätzliches Geschäft. Für nach Langenhagen zu Fuß oder zu Ross angereiste Käufer ging es aber um
eine notwendige Aufstockung, wenn sie ein Pferd für den
Acker, den Wagen oder zum Reiten benötigten. Es konnte
also nicht ausbleiben, dass potentielle Käufer, die kein geeignetes Angebot auf dem Pferdemarkt vorfanden, sich deshalb
höheren Orts beschwerten. Die Landesherrschaft musste ein-
greifen. Dies geschah z. B. 1670 in einem Brief an den Amtsvogt zu Langenhagen[12]:

*Unser guter Freundt*

*Unß kombt glaubwürdig vor waß gestaldt bey denen zwey alten zum
Langenhagen jährlich haltenden Pferdemarckten darin ein großer
Mißbrauch verpfüert werde, daß die meisten und besten Pferde schon
in den Ställen und ehe sie auffs Marckt gebracht verkauffet werden.*

*Begehren demnach an statt Serm. Illm. Herrn Johann Friederichs H.
z. B. u. L. u. g. F. u. H. durchl. an Euch hiermit zuverläßig, Ihr
wollet bey dem bevorstehenden Marckte, die nachdrückliche Unter-
suchung thun und dahin mit gebührendem Fleiße sehen, daß dem Her-
kommen zuwider vor dem angesagten Marckt Tage kein Pferd
verkauffet, sondern deßfalß eingerißener Mißbrauch abgethan werde.*

*Hannover d. 8 Februar 1670"*

Unterschrift: 4 Paraffen (Geheimräte zu Hannover)

Diese Einrichtung ließ einige Pferdehändler nicht ruhen. Heinrich Wiese aus Langenhagen wandte sich zwei Jahre später in dieser Sache an die Geheimräte. Es kam dabei rechtlich darauf an, ab wann das Verbot des Handels gültig war. Galt es bereits Wochen oder gar Monate vor dem Markt oder nur wenige Tage. Wiese hatte seine Pferde einige Wochen vor dem Markt verkauft, da musste ihm wohl folgendes gestattet werden:

*„Demnach auff Heinrich Wiesen bestehendes Ansuchen resolvirt worden, daß demselben jedoch vor dieses mahl allein und ohne einzige consequentz vergönnet sein solle, die an Thies und Engelbert Meininghausen verkauffte Pferde, denenselben noch vor dem alhier zu Hannover bevorstehenden Marckt zu liefern und folgen zu laßen. Alß hatt der Ambts Voigt zum Langenhagen hiermit Befehl solches zu gestatten und daß angelegte Verbott wieder auffzuheben.*

*Hannover den 4. May 1672"*

Der Pferdemarkt zu Langenhagen war keineswegs frei, sondern unterlag Regeln und Regelungen, die - damaligen Gepflogenheiten folgend - durchaus widersprüchlich sein konnten. Oft wurden Maßnahmen zur Marktregulierung ergriffen, um Anfragen oder Beschwerden wie oben geschildert zu begegnen. Es gab zudem Bestimmungen, die ältere bekräftigen oder erneuern sollten. Dazu zählt Herzog Ernst Augusts „*Verordnung de Anno 1685, den 5. September*", dass der Pferdemarkt zu Hannover und Langenhagen eben so lange als der Jahrmarkt dauern solle. „*Setzen demnach, ordnen und wollen, daß hinführo die Pferde-Marckte allhie zu Hannover eben so lange biß der gewöhnliche Marckt zu ende gehet, und also Zween und einen halben Tag, zum Langenhagen aber Zween gantzer Tage währen und gehalten werden soll.*" Wie schon im Privileg des Jahres 1618 festgelegt, sollte der Markt zwei Tage andauern. Zudem wurden auch hier die Märkte zu Hannover und Langenhagen gleichwertig behandelt. Sie fanden an verschiedenen Tagen statt, daher gab es auch keine Konkurrenz zwischen den benachbarten Orten. Im Gegenteil, die Händler aus Langenhagen konnten zu sechs Terminen im Jahr einen nahen Markt beschicken.

Ganz anders entwickelte sich die Sache dagegen, als 1696 im angrenzenden Fürstentum dem sehr nah gelegenen Burgwedel vier Markttage gewährt wurden. Besonders ärgerlich war diese Konkurrenz, weil sie jeweils wenige Tage vor den Märkten in Hannover eingerichtet wurde. Das mochten die Rosshändler überhaupt nicht leiden. Sie wandten sich kurz darauf mit einer Beschwerde[13] an die Geheimräte in Hannover:

*Churfürstl: Brl. Lünbgl Hochverordnete Wahren Geheimbte Räthe*

*Es haben sie sämbtlichen Zollbediente und Roß Händeler in der Ambts Voigtey Langenhagen, inhalts eines von Sermi Illmi Hochfürstl. Durchl. jetzt Hochbemelte Hochfürstl. Durchl. zu Zelle ohnlängst am 13. Octobris des jüngst abgewichenen 96ten Jahres publicirten Gnädigsten Edicti. mit unterthänigstem respect undt betrübnisse vernommen, waß gestalt dero Unterthanen in dero Amts-Voigey Burgwedel, aufs unterthänigste anhalten Ihrer Crahm- und Vieh-Märckte hinführo jährlich, undt zwar daß*

erste auf den Donnerstag vor unserem hannöverschen Marckt, so auff den Montag vor
Phillippi Jacobi* fällt, daß andere auf den Donnerstag so den Montag nach Jacobi** einfelt, daß
Dritte auf den Donnerstag vor dem hannöverschen Marckt, welches fällt auf den Montag nach
Aegidi***, undt daß Vierte auf den Donnerstag
vor dem hannoverschen Marckt auf dem Montag
nach Simon: Andre[as]****, gnädigst verwilliget
und verordnet. Als nuhn (1.) solcher Bewandt-
nissen nach, die Zolle in Sermi Illmi unseres
gnädigsten Churfürsten und Herren Durchlaucht Landen vollendts gar sehr geschmälert
und dadurch nicht geringen Abgang leiden,
bevor ab (2.) Viehe oder Zoll-Bediente undt
Pächter bei unseren ohndehm schlechten Zeiten,
in drückenster Extremität alles Verderbens dadurch nothwendig verhatiert (?) und verschi-
cken müssen, Inmassen (3.) so dann die Zolle
vor Höchstgedachter Churfürstl. undt Herren
Durchl. durch dero gantzen District frey
allemahl durch die abwege leicht können vorbey
passieren, undt nuhnmehro (4.) auf der ange-
regten Verhinderung , nach demmahlen an un-

---

* Der 1. Mai war früher der Gedenktag für die Apostel Phillipus
und Jacobus
** Am 25. Juli
*** Am 1. September
**** Am 30. November

seren Zoll-Pachtungen, wir bißlang von denen
Frachtfuhren, da sie die Zolle zu verfahren
gewohnet, gar sehr darbey laediret und
verkürtzet, unser gäntzlicher ruin undt Unter-
gang bewehet, zu mahlen (5.) undt weilen die
Commercien ebenfals dadurch zurück gehalten
und gehindert, wihr sembtliche Roßkämmer, an
unserem Handel und Wandel abgehalten undt
in größten augenscheinlichen Verlust und
Schaden gesetzet werden, in gnädigster betrach-
tung (6.) wihr allemahl den Mittwochen undt
Donnerstag vorher vor unseren Hannöverschen
Marckte unseren besten und meisten Pferde-
Handell exerciren, solcher Handel muß aber wegen solcher auf den Donnerstag alß dem neuen
besagten Marckte  mit unserem größten Nach-
theil und Schaden, von selbsten sich nicht allein
zerschlagen und gahr hinten bleiben, sondern
auch (7.) und da fast ein jeder Unterthan in
der gantzen Ambst Voigtey, seine Nahrung und
Stücke Brodt mittelst solchen Handels und Wandels suchet, solches aber alßdann cessiren undt
darüber daß Euserste Elendt zukommen würden
genöthiget werden.

Ersuchen demnach Ewl. Excellenzen wihr
sembtliche Zoll-Bediente, Roß-Kämmer undt
Unterthanen der Ambts-Voigtey Langenhagen
hiermit unterthänigst undt bitten Dehmütigst
undt Flehentlich Sie Gnädigst geruhen Höchst

gedachter Ser. Hochfürstl. Durchl. zu Zelle unser Hoch genoth gedrängtes anliegen deß unterthänigstes Suchen und Bittens vor zu stellen undt dieselbe Gnädigst dahin zu commoviren, alß wihr ohn dahie unterthänigst nicht Zweiffeln. Ihro Hochfürstl. Durchl. dero Huldt beschreihenen großen Clementz und großen Gnade nach, wier armen Unterthanen solcher Gestalt zu Crepiren, undt unser Euserstes Verderben dadurch zu veranlaßen gnädigst nicht incliniren werden, damit diese zuvor berührte Gnädigst concipirten vier Märckte zu Burgwedel, an denen unser gantzes Wohl und Wehe hanget, durch anderweites dehro Gnädigstes Verordnen, hinwieder auffgehoben, undt wier arme Unterthanen semblichen unseren Kindern undt Nachkommen, diese Hochfürstl. Gnade und Hulde mit unterthänigster Devotion und lebenslang stetig rühmen undt Erkennen mögen.

Sämbtliche Zoll-Bediente

undt Roß-Kämmer derentwegen Ambts-Voigtey

Langenhagen

Das war starker Tobak. Die Geheimräte werden allerdings gemerkt haben, dass hier das Schicksal der Betroffenen mit barocker Übertreibung dargestellt wurde. Aus heutiger Sicht muss man die Dinge in einigen Punkten anders darstellen:

1. Zweifelsohne gingen Zolleinnahmen verloren, wenn Waren aller Art bereits auf Celler Gebiet verhandelt wurden

und nicht über die Landesgrenze an der Landwehr auf den Markt in Hannover kamen. Dass Burgwedeler Märkte jedoch plötzlich das Umfahren der Zollschranken möglich machten, kann nur der aufgeregten Phantasie der Zolleinnehmer zugeschrieben werden. Natürlich wurden Zollstellen gerne „links liegen gelassen", was in vielfältigen Dokumenten und Strafsachen der Zeit belegt ist. Das war aber „althergebracht". Besonders die Rosshändler (Rosskämme) mit ihrer sehr beweglichen Ware waren dafür bekannt.

2. Der beste Pferdehandel, der angeblich am Mittwoch und Donnerstag vor dem hannöverschen Markt gegeben war, war jedoch bereits seit langem verboten (s. u.). Die Geschäfte sollten erst auf dem tatsächlichen Markttag getätigt werden, damit die Käufer eine bessere Übersicht über das Angebot hatten.

3. Es waren keineswegs fast alle Untertanen im Amt Langenhagen, die Ihr Brot durch Pferdehandel verdienten, sondern ausweislich der Kopfsteuerliste des Jahres 1686 nur einige.

> **Churfürstl. Verbot wegen nicht Verkauffung**
> der Pferde vor dem Jahrmarckt/
> den 13. April. 1701.
>
> Von GOttes Gnaden Wir Georg Ludewig/ Hertzog zu Braunschweig und Lüneburg/ des heil. Röm. Reichs Churfürst/ ꝛc.
> Fügen hiermit zu wissen; Nachdemahlen die Erfahrung bezeuget/ daß/ denen nach und nach ergangen Verordnungen zuwider/ bey denen öffentlichen Pferde- und anderen Jahrmärckten/ insonderheit allhier und zum Langenhagen/ der Kauff und Verkauff der Pferde nicht zu der gesetzten Marckt-Zeit/ auch nicht an dnen darzu gewied-

*Herzog Georg Ludwigs Verordnung „de anno 1701"*

Zum Zweiten Punkt auf obiger Liste gab es immer wieder neue Bekräftigungen des alten Verbots[14].

## Abschrift der Verordnung

Von Gottes Gnaden/Wir Georg Ludwig/ Hertzog zu Braunschweig und Lüneburg/ des Heil. Röm. Reichs Churfürst/ etc.

Fügen hiemit zu wissen. Nachdemahlen die Erfahrung bezeuget, daß denen nach und nach ergangenen Verordnungen zuwider, bey denen öffentlichen Pferde- und anderen Jahrmärkten, insonderheit alhier und zum Langenhagen, der Kauff und Verkauff der Pferde nicht zu der gesetzten Marckt-Zeit, auch nicht an denen dazu gewiedmeten Ohrten, sondern fast mehrentheils vorher, und zwar in denen Wirths- und anderen Privat-Häusern, wo die Pferde aufgestallet werden, vorgenommen wird, so daß zu der gewöhnlichen Marckt-Zeit die meisten Pferde schon verkauffet seyn, und entweder gar nicht, weil sie etzliche Tage vorher weg gebracht werden, oder doch nur zum Schein durch die also genannten Zingeln auffs Marckt geführt, und denen daselbst sich anfindenden Käuffern so hoch angeschlagen werden, daß sie deren entweder gar nicht, oder doch nicht ohne ungebührlichen Gewinn des ersten Käuffers, oder des heimlichen After-Käuffers, habhaft werden können. Solches aber sowohl gegen den eigentlichen Zweck der öffentlichen Märckte, als auch zu Hinder- und Schmälerung freyen Handels und Wandels gereichet, und Wir demnach deßhalber näheres Einsehen und schärffere Verordnung ergehen zu lassen, der Notturfft ermessen.

Als setzen ordnen und wollen Wir, daß innerhalb denen nechst vorangehenden acht Tagen vor denen öffentlichen Märckten, niemand sich unterstehe, weder Zug- noch Reit-Pferde, so wenig Stück- als Zug- und Koppel-weise an jemanden, er sey wes Standes, würden oder Wesens er wolle, Fembder oder

Einheimischer, Christe oder Jude, feil zu bieten, viel weniger aber zu verkauffen, oder zu kauffen, sondern damit, biß der Marckt würcklich angehet, zu warten, bey Vermneidung der Confiscation der Pferde, auch, dem Befinden nach, schärfferer Bestraffung. Gestalt dann, dafern wider dieses Unser Verboht, dergleichen heimlicher und unzulässiger Vor-Verkauff geschehen solte, der Contract an sich ipso jure nul nichtig und von Unkräfften seyn- und bey denen über den Pferde-Handel und Verkauff, vor Unseren Hohen und Niedrigen Gerichten etwa vorkommenden Irrungen und Streitigkeiten hinführo auff diesen Umbstand, ob der Kauff und Verkauff in Jahr-Marckt-Zeiten auff öffentlichem Marckt und sonsten, diesem offenen Edict gemäß, oder aber heimlich und in vorgesetzter verbotener Frist geschehen sey? absonderlich zu reflectiren, und deshalber genaue Erkundigung einzuziehen/ und wider die Übertretere mit vorberührter Confiscation der heimlich und zur Unzeit verkaufften Pferde/ und nach Beschaffenheit der Umbstände/ mit anderer willkührlicher Straffe zu verfahren.

Es werden daneben alle Wirthe/ und insgemein alle diejenigen/ welche Stallung haben/ und Pferde/ oder Pferde=Käuffer herbergen/ nicht allein alhie und zum Langenhagen/ sondern auch in denen anderen umliegenden Dorffschafften/ absonderlich ermehnet und verwarnet/ daß sie zu dergleichen heimlichen und verbottenen Vor=Verkauff nicht allein keinen Vorschub thun/ sondern selbigen/ so viel an Ihnen ist/ verhindern/ die Pferde/ vor der gewöhnlichen Marckt=Zeit zum Feilbieten nicht aus den Ställen oder Häuseren lassen/ sondern es vielmehr verhindern/ und da nichts destoweniger ein oder ander sich dessen unterstehen solte/ denselben der Obrigkeit anmelden/ bey einer wilkührlichen scharffen Geld= auch/ dem Befinden nach/ Gefängnüß=Straffe; Es sol auch nicht allein das Kauffen und Verkauffen/ sondern auch so gar das Vorreiten der Pferde an denen vor denen Märckten hergehenden

Sonn= Buß= und Fest=Tagen/ so wol nach= als vor geendigtem Gottes=Dienste abgeschaffet und eingestellet seyn und bleiben.

Wir befehlen darauff allen und jeden Hohen und Niederen Gerichten/ Obrigkeiten und Befehlshaberen in Städten und auff dem Lande/ daß Sie über diese Unsere gnädigste Verordnung/ mit allem erfordernden Nachdruck der Gebühr halten/ auch zu männiglichs besserer Wissenschafft dieses Unsere offene Edict gehöriger Orten affigiren – und kund machen lassen. Das meinen Wir ernstlich. Geben in Unserer Residentz-Stadt Hannover, den 13. Aprilis 1701

Landes-Siegel          Georg Ludwig

                       Churfürst

Von dieser strengen allgemeinen Verordnung waren im Einzelfall aber immer Abweichungen möglich. Anscheinend hatte der Amtsvogt Stapel in einem Fall amtlich nachgefragt, wie denn zu verfahren sei. Folgende Antwort blieb erhalten:

*Hochedler Gestrenger*
*Insonders Hochgeehrtester*
*Herr Cämmerer*
*Nebst Remittirung der zugefertigten Originalien berichte in schuldigster Antwort, daß die Herren Gehbt. Räthe zufrieden, daß die Vieh-Händler ihr Vieh Ihrer guten Gelegenheit nach verkauffen mögen, nur daß nicht ordentlicher Weyse zu Aufrechterhaltung der ergangenen Verordnungen Marckt gehalten werde.*

*Grußformeln*
*Hannover 3. September 1712      A. Baumeister*

Abschrift des Briefs vom Sekretär Baumeister an den Herrn Cämmerer Stapel zu Langenhagen.

Solche besonderen Genehmigungen boten für Pferdehändler immer wieder Anlass, es doch mit dem Handel auch zu verbotenen Zeiten zu versuchen. Im frühen 18. Jahrhundert war der Zollpächter Heine aus Langenhagen damit besonders hervorgetreten. Er erhielt allerdings immer wieder abschlägige Bescheide:

*„Cammerresolution de anno 1738 für den Zollpächter Heinen, daß am Sonntag vor den Jahrmärkten, 4 Uhr nachmittags, kein Viehhandel getrieben werden solle.*

*Abschrift für das Amt Langenhagen*

*Auf das von dem hiesigen Zoll=Pächter Johann Heinrich Heine wegen nachgesuchter Aufhebung des Verbots, daß am Sonntage vor dem Jahr Marckte vor 4 Uhr Nachmittags mit Viehe kein Handel und Wandel getrieben werden solle, bey Königlichem und Churfürstl. Cammer unterm 23. Huius anderweit übergebene Memoriae wird hiemit zum Bescheide ertheilet: daß nach demselben des Supplicanten Ansuchen der emanierten Sabbaths=Ordnung vom 19. Mai 1710 § 8 ausdrücklich zuwider, deren angeführte Überschreitung ein Mißbrauch und wodurch jene keinesweges aufgehoben ist, König. und Churfürstl. Cammer es bey der ihm unterm 5. Dezember 1728 desfalß bereits ertheilten Resolution lediglich bewenden laßen.*

*Hannover d. 26. Oktober 1739*

*K. Bw. Lb. G. Canzler u. Räthe"*

Auch die Beamten im Amt Langenhagen wollten etwas für die Händler erreichen. Aber da war nicht viel möglich. Es blieb bei dem Verbot des Handels an Sonntagen bzw. bereits vor den eigentlichen Markttagen. Dies zeigt das Schreiben an den

„Wohlgebohrenen, Hochgeehrten Herrn Secretair des Amtmanns v. Meding" vom 22. September 1742

*Euer Wohlgebohren übersende angeschloßen die neulich versprochenen Piecen das Pferde=Marckt vor Hannover betreffend. Der beygelegte Sendbrief des Weyl. Herrn Secretarii Baumeisters gibt zwar nicht gar viel Trost: inzwischen hoffe doch, daß Ewl. Wohlgebohren Absicht gelegentlich auf eine andere Art reussiren könne. Ich werde mir nächstens die Ehre geben Ewl. Wohlgebl. davon mündlich eine mehreres zu eröfnen, ersuche aber inzwischen die hierunter geschehene Communication geheim zu halten und dabey zu glauben, daß ich mit vollkommener Hochachtung sey*

> *Ewl. Wolgeb.*
>
> *Gehorsamster Diener*
>
> *v. Meding**

Um 1750 wurde die Situation des Pferdehandels vom Amtsschreiber Wyneken[**] in seiner Chronik auf folgende Weise beschrieben:

*„Der betraglichste Handel und wodurch das mehreste Geld ins Amt gebracht wird, bleibt mehrstens noch der Pferdehandel. Dieser wird,*

---

[*] Amtmann von 1729 - 1742
[**] Amtsschreiber im Amt Langenhagen von1746 – 1754

außerdem was jährlich an hiesige, preußische, sächsische, heßische und zum Theil auch kaiserl. Trouppen an Remontepferden abgeliefert wird, auch in entfernere Gegenden in gantzen und einzeln getrieben, und obgleich diese Pferde in andern Gegenden aufgekauft werden, so wird doch der größte Teil des Gewinstes in hiesigen Amte verzehret.

Der Vortheil davon erstrecket sich auch nicht nur auf einzelne Familien und die Verwandten allein, sondern es nimt auch eine Menge anderer Leute als Häuslinge, Brincksitzer und selbst die erwachsenen Söhne der Meyerleute und anderer Eingeseßenen daran Antheil, welche die abzuliefernden Pferde warten und an den Ohrt der Ablieferung bringen, das Erworbene aber demnächst zu ihr und der Ihrigen Unterhalt anwenden."

Damit ist für diese Zeit geklärt, dass der Handel mit Militärpferden die größte wirtschaftliche Bedeutung hatte. Danach muss man den Handel „in entferntere Gegenden" einstufen, obgleich diese Pferde überwiegend nicht aus Langenhagen stammten, sondern überall zugekauft wurden. Diese Tatsache darf nicht weiter verwundern, denn der Amtsschreiber hebt an anderer Stelle seiner Chronik hervor, dass die Wiesen und Weiden im Amt Langenhagen zu schlecht sind, um besseres Vieh zu züchten. Außerdem besaß damals jeder Vollmeier nur zwei Ackerpferde, von denen im Durchschnitt nur eines als Stute überhaupt Fohlen bringen konnte. Nach Statistiken des Landgestüts konnte in dieser Zeit höchstens alle zwei Jahre mit einem Fohlen gerechnet werden. In der Kircher Bauerschaft wären demnach etwa sechs Fohlen jährlich zur Welt gekommen. Nur die nicht als eigene Nachzucht benötigten Tiere konnten dann in den Handel gehen.

Den eigenen Pferdemarkt hat Wyneken in seiner Chronik nicht extra erwähnt, dort wurde eben nur ein sehr kleiner Teil des gesamten Pferdehandels abgewickelt. Der weiträumige Pferdehandel war dagegen – wie Wyneken in seiner Schrift wiederholt betont – wichtig für den Lebensunterhalt auch der sogenannten kleinen Leute, weil sie sich als Pferdepfleger oder Koppelknechte auf den Transporten verdingen konnten.

Münchener Bilderbogen 1897: Handel mit schweren Zugpferden
(So große Pferde waren im 17. und 18. Jahrhundert
jedoch noch nicht am Markt.)

Die Bedeutung des örtlichen Pferdemarkts in Langenhagen war nach den bekannten Quellen immer ziemlich gering. Gründe dafür sind in der nahen Konkurrenz und der natürlich eingeschränkten örtlichen Pferdezucht zu finden. So wurde dieser Markt in der anwachsenden Fachliteratur vom Ende des 18. Jahrhunderts in der Regel nicht erwähnt. Zum Beispiel verzeichnet Freiherr Bouwinghausen von Wallmerode in seinem *„Taschenbuch für Pferdeliebhaber, Reuter, Pferdezüchter, Pferdärzte und Vorgesetzte großer Marställe"* (bei Cotta von 1791 – 1801) nur den Markt in Hannover. Ein Dokument aus dem Jahr 1807 belegt zudem das schwindende Gewicht dieses Markts. *„Schreiben den Pferdemarkt zu Langenhagen betreffend:*

*Es wird festgestellt, dass nach einem Hannoverschen Kalender der zweite Langenhagener Pferdemarkt auf dem Montag nach Viti stattfindet, obwohl der auf dem Montag vor Vitus statt haben soll. Der Druckfehler muss verbessert werden, da auf dem Montag nach Vitus der Bissendorfer Jahrmarkt stattfindet. Die Langenhagener Einwohner haben dagegen protestiert, weil sie fürchten, dass dadurch ihr Kram- und Pferdemarkt noch mehr „in Abgang" gekommen sei. Das Hannoversche Regierungs-Collegium genehmigt daher, dass der Jahrmarkt am Montag vor Vitus in den Hannoverschen Anzeigen gehörig bekannt gemacht wird. Der berenbergischen Druckerei wird das Nötige mitgeteilt.*
*Es bleibt aber auch in den künftigen Jahren beim Termin Montag <u>vor</u> Vitus. Anschließend schriftliche Genehmigung des Regierungs-Collegiums vom 24. März 1807 aus dem Calenberg-Grubenhagenschen Polizei- und Städte- Departement."*

Der Amtmann Müller bat demnach am 26. Mai 1807 um zweimalige Insertion der nachfolgenden Bekanntmachung in den Hannoverschen Anzeigen. Ferner sollte diese Bekanntmachung vor der hiesigen Kirche, zu Engelbostel und zu Isernhagen angeschlagen werden:

*„Es wird hiemit bekannt gemacht, daß der in den Johannis-Monath fallende Langenhägener Kram- Vieh- und Pferdemarkt im gegenwärtigen Jahre und künftighin nicht wie in den Calenderen steht, am Montag <u>nach</u> Vitus sondern am Montag <u>vor</u> Vitus gehalten werden"*

Diese Maßnahmen haben aber wenig genützt. Der Pferdehandel auf dem Langenhagener Pferdemarkt kam zum Erliegen. Die hiesigen Bauern kauften die benötigten Pferde entweder auf anderen Märkten oder aus den Ställen angesehener Züchter. Das Militär deckte seinen Bedarf auf eigens abgehaltenen Märkten. So zum Beispiel gegen Ende des 19. Jahrhunderts auf der Vahrenwalder Heide. Auf dem dortigen Truppenübungsplatz konnten die Remonten zugleich erprobt werden, was auf dem Markt in Langenhagen nur sehr begrenzt möglich war.

Als Anekdote zum Pferdehandel sei am Rande berichtet, wie der sprichwörtliche Amtsschimmel im Königreich Hannover lustig wieherte. Folgender amtlicher Kuddelmuddel ist im Druck[15] überliefert:

1. Verweisung sämtlicher Pferdehändler binnen drei Tagen aus dem Lande wegen der Verfügung die Ausführung und Durchführung von Pferden betreffend vom 9. Oktober 1840
   Königlich Hannoversche Landdrostei
   *v. d. Wense*

2. Die Aus- und Durchfuhr von Füllen bis zum Alter von 2 1/2 Jahren ist nicht mehr verboten
   Lüneburg, den 24. Oktober 1840

Königlich Hannoversche Landdrostei
*v. d. Wense*

3. Zirkularverfügung
"Es ist höheren Orts beschlossen, die durch
Circularverfügung vom 9. d. M. angeordnete
Ausweisung der etwa anwesenden auswärtigen
Pferdehändler aus dem Königreiche auf sich beruhen zu
lassen."
Lüneburg, den 26. Oktober 1840
Königlich Hannoversche Landdrostei
*v. d. Wense*

4. Es wird demnächst eine Verordnung erscheinen, die den
bisher erlaubt gewesenen Übergang von Pferden aus
dem hiesigen Königreich in die Staaten des diesseitigen
Steuer- und Zollverein wieder zu gestatten.
Lüneburg, den 28. Oktober 1840
Königlich Hannoversche Landdrostei
*v. d. Wense*

5. Die Königliche Verordnung vom 16. März d. J. die
Ausfuhr von Pferden betreffend, ist dahin aufzufassen,
daß die Ausfuhr von Pferden in die Staaten des
Deutschen Bundes nicht verboten ist.
Lüneburg den 16. Mai 1848
Königlich Hannoversche Landdrostei

Bei diesem Durcheinander sich teilweise in kürzester Zeit widersprechender oder unklarer Verordnungen darf es nicht nicht wundern, wenn die Pferdehändler das nicht ganz ernst nahmen. Allerdings waren die schönen Zeiten, in denen sie die Zollstellen bequem umgehen konnten, inzwischen Vergangenheit.

Das endgültige Ende des Langenhagener Pferdemarkts war jedoch schon fast besiegelt. Die Königlich-Hannoversche Landdrostei teilte am 3. Januar 1849 mit, dass ihrerseits die beiden Kram- und Viehmärkte in Langenhagen aufgehoben werden könnten. Das Königliche Ministerium hatte jedoch verfügt, dass vor weiterem Beschluss außer der Obrigkeit auch die Gemeinde zu hören sei. Daher wurde das Königliche Amt beauftragt, deren Erklärung dazu einzufordern und zu berichten. Diese Anhörung fand kurz darauf statt:

*Rundschreiben des Amtmanns Reinecke vom 8. Januar 1849 an die Bauermeister, sich zu diesem Zweck am 16. Januar 1849, 10 Uhr vor hiesiger Amtsstube einzufinden.[16]*
*Verteiler:*
*Bauermeister*
*Langenhagen – Groers*
*Krähenwinkel – Stephani*
*Kaltenweide – Baumgarte*
*Langenforth – Rogge*
*Brink – Döpke*

*anschließend amtl. Protokoll*
*Auf die Ladung sind erschienen:*
*aus Brink*
*der Bauermeister Döpke*
*der Kleinköthner Konrad Eicke*
*aus Langenforth*
*der Bauermeister Rogge*
*aus Langenhagen*
*der Bauermeister Groers*
*der Gastwirth Struber*

*der Gastwirth Othmer*
*der Großköthner Plinke*
*aus Krähenwinkel*
*der Bauermeister Stephani*
*der Geschworene Vollmeier Hase*
*aus Wagenzelle*
*der Geschworene Großköthner Starke*
*der Halbmeier Gosewisch*
*dieselben haben vorgetragen*

*Das Circular sei bekannt gemacht und habe große Betrübnis erregt, weil Langenhagen eines Vortheils beraubt werden solle, den es seit unvordenklicher Zeit genossen habe. Sie seien daher beauftragt nicht nur auf Fortbestand der beiden hiesigen Kram-Märkte sondern auch darauf antragen, es sollen wieder auf Vieh-Markt-Handel erweitert werden, wie solches früher der Fall gewesen und das der nächste Markt, der am 15ten d. M. eintreten werde, schon zum Vieh-Handel gebraucht werden könne.*

*Als Gründe werden angeführt:*

1. *in unmittelbarer Nähe ihrer Wohnungen Schuhwerk einkaufen zu können, Bestellungen bei auswärtigen Schuhmachern zu erteilen, die Ware sei dort stets billiger als bei den hier Ansässigen oder den in der Stadt …*

2. *erhebliches Geschäft für die Gastwirte,*

3. *Vorteile für die den Marktplätzen nahe gelegenen Höfe, weil sie ihre Höfe und Gebäude vermieten,*

4. *die Märkte fallen in die Zeit in der an benachbarten Orten keine Märkte stattfinden,*

5. *der Viehmarkt könne für die Umgegend von erheblichem Nutzen sein, weil er in Zeiten falle an denen sich die Hausleute gerne mit*

*Schweinen für die allmähliche Mästung eindecken, er werde sicher gerne von den Schweinehändlern besucht werden, die von dem vorher statt findenden Burgdorfer Markt kommen.*

*Amtswegen ist vorgestellt, dass ein solcher Markt auch zu Versäumnissen und unnützen Ausgaben führen werde.*

*Die Anwesenden haben dagegen bemerkt, dass dieses hier weniger zu befürchten sei, da die alten Leute und Kinder, die hier hauptsächlich handeln, sich in ein Treiben zum Vergnügen weniger einlassen würden, ja davon abgehalten werden, weil man sie in der Nähe ihrer Heimath finden könne. Wer dagegen zum müßigen Umherlaufen Neigung habe, werde dies auf entfernten Märkten erst recht tun.*

*vorgelesen und genehmigt*

*zur Beglaubigung        Reinecke*

Am 19. Januar 1849 entwarf Reinecke die Antwort im Sinne der Bauermeister. Er bat die Jahrmärkte aufgrund der Argumente der Bewohner nicht aufzuheben und den gewünschten Schweine- Hornvieh- und Pferdehandel zu erlauben. Mit ihrer Antwort vom 2. Februar 1849 genehmigte die Landdrostei den Fortbestand der Märkte und ihre Erweiterung zum neuerlichen Verkauf von Vieh. Danach schaltete sich jedoch das Königliche Ministerium des Inneren ein und forderte weiteren Bericht durch die Landdrostei (18. Juli 1849). Gegen Ende des Jahres kam der gegenteilige Bescheid. Das Ministerium hatte nämlich am 6. November verfügt, dass die Märkte zu Langenhagen aufgehoben werden sollen.

Um dem Ort einen Übergang zu gewähren, genehmigte die Landdrostei am 21. Januar 1850, dass der am Donnerstag vor Fastnacht stattfindende Markt „wenigstens für das Mal noch abgehalten wird". Damit hatte der vielfach überschätzte Langenhagener Pferdemarkt sein endgültiges Ende.

Pferdemarkt im Münchener Bilderbogen aus dem Jahr 1897

## Pferdehändler – Pferdediebe

In dem schon erwähnten Lexikon, dem Krünitz aus dem Jahr 1773, findet man folgende Worterklärung: *„**Pferdehändler,** derjenige, welcher mit Pferden handelt, im gemeinen Leben der **Roßkamm,** Roßtäuscher."* Wegen der vielen und von manchen auch gern benutzten Möglichkeiten, die Mängel der in den Handel gebrachten Pferde zu verdecken, waren Pferdehändler seit je durchaus verdächtige Leute. Der bekannte Freiherr von Knigge äußerte sich dazu wie folgt: *„Welch eine große Vorsicht man im Pferdehandel zu beobachten habe, das ist eine bekannte Sache. Bei diesem hat sich das Vorurteil eingeschlichen, daß Eltern und Kinder, Geschwister und Freunde, Herrn und Diener sich keinen Gewissensvorwurf machen zu dürfen glauben, wenn sie sich einander betrügen."*[17]

Münchener Bilderbogen 1897 – Vorführung eines Wallachs

Beim Pferdehandel konnte nach Knigge Betrug erst einmal vorausgesetzt werden. Es wundert daher nicht, wenn die

Gewährleistung für zugesicherte Eigenschaften der Pferde relativ früh gesetzlich festgeschrieben wurde. Außerdem entstand eine breite Palette an Ratgeberliteratur, die sich mit dem Thema befasste. Zwei mir vorliegende Beispiele: **Abraham Mortier**, *Geheimnisse des Pferdehandels – ein Taschenbuch für Pferdekenner und Pferdeliebhaber,* Oranienburg 1884; **William von Hassell**, *Über die Pferdezüchtung, den Pferde- und Füllen-Handel und die Remontierung der Cavallerie des Köngreichs Hannover*, Hannover 1841.

Schlimmer als Betrügereien beim Handel war jedoch, wenn ein wertvolles Pferd gestohlen wurde. Pferdediebstahl wurde nicht nur im amerikanischen „Wilden Westen" ohne Gnade verfolgt und bestraft. Das galt auch für unsere Region in der frühen Neuzeit. Da ein Fall in Gerichtsakten[18] überliefert wurde, in den ein Mann aus Langenhagen verwickelt war, möchte ich diesen als Beispiel herausgreifen.

Das Verfahren begann im Sommer des Jahres 1618. Man hatte den Pferdedieb Curdt Lange in Kaltenkirchen – nördlich von Hamburg – festgesetzt und vernommen. Dieser hatte Jobst Engelke als Mittäter benannt. Darauf kam es zu folgendem: *„Den 24 July Ao 1618 ist uff vorgezeigten hafftbrieff des ambtmanns zu Kolenkirchen, Witt Lüdemannß und dabei übergeschickte nachricht und bekantnuß deß daselbst verstricken Curdten Langen Jobst Engelcke vom Langenhagen gefenglich angenommen und eingezogen."* Aus den nachfolgenden Verhören in Hannover konnten jedoch keine Beweise gegen Engelke erbracht werden. Außerdem baten seine Verwandten für ihn. Was den *„ehrbaren Wolweisen Rath"* zu einem weiteren Schritt veranlasste: *„daruff ist an*

*vorgemelten ambtmann geschrieben, undt sonderlich gebe-*
*ten, den verstrickten Curdt Langen, ehe und bevor er justifi-*
*ziert würde, mit allem Vleiß zu vernehmen, das er über die*
*begangenen mißtaten sein gewissen mit falschen besagung*
*anschuldigen verharren, weiters nicht beschweren, sondern*
*da er über seine beschuldiget gesellen ... ... ausgesagt, das er*
*selbiges altradire und den rechten grundt der wahrheit berich-*
*ten möchte."* Engelkes Leben hing zu diesem Zeitpunkt allein
an der Aussage des überführten Pferdediebs Lange. Der sollte
durch neue Vernehmungen dazu gebracht werden, die Wahrheit zu sagen. Das war aber nicht mehr möglich, denn man
hatte ihn bereits hingerichtet.

Nun musste das Verhör des Jobst Engelke weiteren Aufschluss bringen. Ich habe das Protokoll des Verhörs auf die
wichtigsten Aspekte reduziert, diese aber in der originalen
Form belassen. Es werden nur die Antworten des Angeklagten
wieder gegeben.

1. Vernehmung zur Person

*Diejenigen, womit er gereiset. haben ihn wohl*
*Schuster Jobst genannt, und komme selbiges da-*
*her, das sein vatter sehligen und itzigen sein*
*Wirtschafft Schuster gewesen, sonst habe er sich*
*nicht anders, dan Jobst Engelke schreiben laßen.*

*Er sein von Langenhagen*

*Sein vatter habe Brunnke engelke geheißen und*
*sein ein Schuster gewesen, damitt er sich ernäh-*
*ret.*

Er habe eine Zeit lang für einen Knecht gedienet, alß bei Jobsten Stucken und Jobst Francken zum Langenhagen. item bei einem von Marenholtz zu Scappen uff jenseits von Braunschweig, habe auch ein zeitlang auff Hansen Baumgarten Hoff zu Langenhagen gearbeitet mit meigen [mähen] und waß sonst fürgefallen. Die ihme allezeit nichts anders würden nachsagen können, alß das er sich jederzeit ehrlich, redlich und frömlich bei ihnen verhalten und nihe untreu oder dieberei an ihme gespüret oder bemerket.

2. Vernehmung zur Sache

Er habe ein Jahr oder zwei mit Pferden gehandelt.

Er habe keine machschaften mit anderen gehabt, nur das gute ehrliche leute von Langenhagen und auß Hannover zu zeiten mit ihm gezogen ins Land zu Holstein oder nach Cassel.

Engelke Engelken, Jobst Franke und Hans Baumgarten ufem Langenhagen, haben die meiste zeit mit ihm gereiset, habe sonst keine gesellen gehabt.

Er habe die Pferde zu Itzehoh, zum Kiell, Keddihausen, Sehbergen, Ültzen und Buxtehude eingekaufft und mehrentheils den Hausleuten in der Nachbarschaft wieder verkauft.

Er habe das gelt von guten Leuten geliehen, alß von Jehansen Holsten, Frantzen Holsten, dem Herrn Pastorn zum Langenhagen und anderen.

### 3. Befragung hinsichtlich anderer Beschuldigter

Er sei von Scharrel im Ambt Neustadt bürtig, wie er nicht anderst wiße, und als er ihnen erst gesehen und mit ihm bekannt worden, were derselbe bei seinem vatter noch gewesen und hatte vor einen ackerknecht gedienet, wo er itzo eber sein möge, davon könne er keinen bericht thun.

Als Ties Lüpke etwan vor 6 oder 7 Jahren im Fürstenthumb Lüneburg ufem Isernhagen einen erstochen, hatt er denselben nach Scharrel bei des Reßmeiers vattern gebracht und were die zeit mit demselben in Kundschafft gerathen.

Nescit, dan er keinen handel mit ihm getrieben auch sonst keine kundschafft mehr mit ihm gehabt, als das er woll eine kanne bier mit ihm in seins vatters hause getruncken wie er Lüpken dahin gebracht.

Albert Winter kennte er nicht, allein seinen sohn Samuel habe er woll mit frischen Ochsen, etwan für 3 Jahrn uff dem Markte allhie zu Hannover gesehen, mit demselben auch wol ein pott bier getruncken, da er selber berichtet, das sein vatter Albert Winter heiße.

Albert Winter wie er von Andern gehört, solle vom Osterwalde sein, altera nescit.

4.  Befragung zu seinem eigenen Handel mit Pferden

Er habe etwan vor 6 Jahrn Joachim Boschen in Immensen ein Pferd für 30 Thlr verkaufft, welches Curd Eilers aufm Langenhagen außgethan und er demselben mit 29 thalern bezahlet. Jaspers Brauns über Jahre er keine Pferde verkauft.

Er wiße nicht mehr von ihme, alß das fürm Jahr in den fasten einer mit [namen] Hans Baumgarten vom Langenhagen uff der Gahrküchen vorm Leinthor alhie geseßen, welcher wie er von andern berichtett, Curd Lange soll geheißen haben.

Er habe nicht anders verstanden, alß daß er von Schloß Ricklingen bürtig, altera nescit.

Er habe uff der Gahrküchen die zeitt wie beim 54 interrogatio berichtet mit ihme getruncken.

Affirmat, und zu unterschiedlichen Zeiten, dan einßmals habe er daselbst drei Pferde so er von Hansen Baumgarten zum Langenhagen bekommen, und dann noch einßmals, ohngefehr für zween Jahrn, vier Pferde, drin eins er von

Dietrichen Barteleß hier zu Hannover, so beutt gewesen. Das andere von Heinrich Münckel ufem Langenhagen, so graw, und die übrigen beiden, deren eins braun daß andere schwartz gewesen, von Heinrichen Bodecker zu Aleßen bekommen, verkauft, und weren unter den vier Pferden zwei schwartze und ein braun gewesen.

Hans Baumgarten wohne zum Langenhagen, were ein Ackermann und sei ein Krüger

Er habe ihm an die 40 thaler dafür zugesagt, sei ihm aber davon noch etzlich gellt schuldig und habe solche Pferde drawers zuerst zum Roden Koupe (?) wieder verkauft und daran etwan zehn thaler verdienett.

Hans Baumgarten habe die Pferde von einem frembden Manne, Clawes genannt, so ein Schneider uff der Neustatt alhie vor Hannover soll gewesen sein, gekauft.

Er habe woll davon gehört, und habe eß in seiner Zurückreise von Caßell ein schreiber, den er nicht gekannt zu Latzen im Kruge berichtett.

Wo vorerwenter Schneider damit gemeint, habe er denselben in Hansen Baumgarten Hause gesehen und gehörtt, das er Curd genannt.

Es sei mal gesagt, allein er wiße keinen gründlichen Bericht darumb, und sei Hans Baumgar-

*ten solche 3 Pferde halber vorm Jahr nach dem Calenberg gefurdertt, was er aber für Bericht gethan, davon wiße er nicht.*

Nach diesem Teil des Verhörs wurde dem gefangenen Jobst Engelke die im peinlichen Verhör – also unter Einsatz der Folter – gewonnene Aussage des Curdt Lange vorgelesen. Zu den einzelnen Punkten befragte ihn das Gericht erneut. Jede seiner Antworten lief auf die folgende Summe hinaus:

*Negat constanter* [verneint standhaft], *und berichtet dabei, wo ein mensch auf erden, dem er ein Pferd verkauft, davon er keinen beständigen bericht, wie und wer das Pferd bekommen und redlicher weise an sich gebracht, thun könne, wolle er darumb gern leiden, er sei aber deßen gewiß, das er die tage seines Lebens keinen mensch uff einen Hellers werth entfrembdet habe.*

Als nächstes wurde ihm das Schreiben des Amtmanns zu Kaltenkirchen wörtlich vorgelesen. Er blieb jedoch dabei, dass er vor Gott und der Welt unschuldig sei. Anschließend wollte das Gericht prüfen, ob er evtl. mit dem Verbrecher Lange in Feindschaft gewesen sei:

*Wie er nun befraget ob er auch etwan mit ermeltem Lange dabevor in widerwillen geraten, hatt er darauff berichtet, das etwan für zweien Jahrn dieser Curd Lange ufem Langenhagen in Hansen Baumgarten Hauß kommen, und hette sich bei die andere gesellschaft eine kanne bier zu trincken an den tisch setzen wollen, weil er aber des orts berüchtigt, das er das ambt Schloß Ricklingen, begangenen eporß (?) halber verschweden (?), hätte er Jobst Engelcke zu ihm gesagt, er solte hinaußgehen und sich bei das feuer setzen, wie er das aber nicht thun wollen, sondern ihme vunn .. wörtter gegeben, hette er ihmen mit der Kanten uff den Kopff geschmißen.*

Zur weiteren Erkundigung der Wahrheit prüfte das Gericht einen an den Vogt zu Langenhagen Heinrich Klawen geschriebener Brief und dessen Antwort. Darauf wurde dem Gefangenen am 6. April morgens um acht Uhr, im Beisein des Herrn Siedemeisters Ludolff Vornwaltß, Anthon von Anderten, Conrad Stucken und Georg Rapen die beigebrachte Befragung in des Schreibers Stube vorgehalten. Er bestätigte darauf, zu Schuppam jenseits Braunschweigs gewesen zu sein. Im Protkoll steht:

*Sagt, Schuppam heiße der ortt, und wie er auß der von Marenholtz dienst kommen, sei er etwan ein Jahr daselbst noch geplieben und bei Rudolff liebaun seligen eingewesen, habe mit Pferden gehandelt, wie aber der Letzt Kriege für Braunschweig* angegangen, sei er für einen Soldaten mit dafür gezogen.*

---

* Belagerung Braunschweigs 1615 unter Herzog Friedrich Ulrich

*Saget, zu Schuppam hab er gefreiet des Krügers magd, so eine Streitsche (?) gewesen, damit er bekannt worden, weil er zu zeiten in den Krug gegangen.*

*Sie habe geheißen Margareta Libberans, wie ihre eltern geheißen und was sie für gewerb getrieben, wiße er nicht, dan dieselben die zeitt schon todt gewesen.*

*Er habe ein Kind mit ihr gezeugett, dasselbe sei wie eß etwan neun tage alt gewesen, zu Malmrode, die mutter aber etwan fünff tag darauf zu Schuppam gestorben und begraben.*

*Georg Rapem in fidem subscripsit*

Darauf wurde diese gütliche Aussage [ohne Androhung oder Verwendung der Folter erbracht] nebst den Beilagen an die „löbliche Juristen Fakultät zu Helmstedt" geschickt. Das Gericht erbat rechtliche Prüfung. Am 16. April wurde das Gutachten der Professoren dem Gerichtssenat überliefert, das Siegel erbrochen und verlesen.

Aufgrund der Rechtsbelehrung und auf Anordnung „eines ehrbarn wohlweisen Rates" wurde Jobst Engelcke am 23. April 1619 nachmittags um zwei Uhr in die Stube des Stadtschreibers gebracht und „daselbst im Beisein des Herrn Siedemeisters Ludoff Vornwalts, Hansen Palmans, Anthon von Anderten, Conrad Stucken und Georg Rapen wegen der Pferdediebierei und Mißhandlung, damit er von dem hingerichteten Curd Langen beschuldigt, nochmals mit Fleiß befragt, worauf er mit auffgerichteter ungefärbter Stirn unterschiedlich berichtet":

Ad 2nd Articulum Curd Langen peinlicher aussag. Sagt es sei nicht wahr, er habe kein Pferd von ihme gekauft, so wahr als ihm Gott ihm zur sehligkeitt helffen wolle, kenne Jasper Stucke auch nicht weiter, als das er denselben(dessen er sich seither jüngst gethanen berichts erinnert) bei den Pferden und wagen, die Hans Baumgarten vom Langenhagen, von Clawes N. dem Schneider gekaufft, in der Pinkenburg gesehen und hätte er ihme Baumgarten gesagt, das er Jasper Stucke geheißen, dan er die vorige nacht bei ihm beherbergett.

ad 13. Saget, er habe nicht Pferde gestolen was aber andere gethan, könne er nicht wißen.

ad 14. Saget, es sei nicht wahr.

ad 15. Saget, er sei zum Suerbrocken nicht gewesen, kenne auch Hansen Heinberge nicht.

ad 16. Saget, es sei nicht wahr.

Wie aber ein mehrers auß ihm in guete nicht zu bringe gewesen, also ist er endlich ad locum torturum legitimatum geführet, und daselbst mit Vorstellung deß Scharffrichters und Darlegung der zur tortur gehörigen instrumenten, die getreuliche wahrheit außzusagen ernstlich

bedrowet worden. Er ist aber bei vorigem seinem
bericht beständig geplieben, mit hoch
beteuerlicher anzeige, das er sich der beschuldigten Pferdedieberei und anderen
mißhandlungegn unschuldig wüßte. Endlich
aber hatt er berichtett, wie er bei der letzten
Braunschweigischen belagerung nebst andern
etwan noch eilf soldaten von seinem
damahligem Haubtman Ludolff von Rheden
sehligem außgschickt, das sie einen Seidenkra-
mer auß Braunschweig, der nach Burchtorff zu
ziehen vorhabens gewesen, auff den dienst warten und denselben inß lager bringen solten. Der
kramer aber nicht ankommen, das sie doch auß
dem Wietzenbruch drei Pferde genommen und
ins Lager gebracht, und einem Kerll so Proviant
zugeführett verkauft hetten, wovon er seins theils
2 thaler bekommen.

Georg Rapen

Nach dieser Aussage angesichts der Folterinstrumente wurden weitere Details seiner bisherigen Aussagen geprüft. Die
Beilagen der Akte zeigen seine einzelnen Auskünfte. Engelkes
Stiefvater Arndt Biester hatte zudem Bernhard von Dorn,
Notarius publicus und Gerichts Procurator beim hiesigen Gericht um Hilfe und einen Bittbrief gebeten. Dorn gab darauf
einen schriftlichen Bericht zu den Akten. Ferner wurde der
Amtsvogt zu Langenhagen um Amtshilfe und Einvernahme
des Stiefvaters gebeten. Diese Unterlagen sind bei den Akten.

Petrarca Meister: **Peinliche Befragung im 16. Jahrhundert**. Jobst
Engelke wurden allerdings „nur" Beinschrauben angesetzt,
das weitere blieb ihm erspart.

*Negst diesem sind die acta an die löbliche Juristen Fakultät zu Helmstett wieder verschickt und ist die dafür eingekommene Rechtsbelehrung den 14. Juny gerichtlich eröfnet und derselben zufolge der verstrickte Jobst Engelcke den 25 Juny uff befehlich und anordnunge eins ehrbarn Rhattes in beisein Hern Curdten von Wintheims, Hansen Polmans, Johansen Vahners, Anthon von Anderten und Georgen Rapen der* tortur unterworfen und sind ihm anfangs die Beinschrauben auffgesetzet. Als er aber nach wie vor bestendig dabei geplieben, das er an der beschuldigten Pferdedieberei unschuldig, und sich deßhalb zum höchsten vermaledeiet und durch Gott gebeten sich seiner zu erbarmen und ist seiner unschuld ihme seine gesundheit nicht zu nehmen. Demnach haben die verordneten Personen ihme den verstrickten noch ins Gehänge bringen zu laßen bedenckens gethan, sondern den Scharffrichter, die Beinschrauben wieder loßzunehmen und abzunehmen befohlen, und es dabei verpleiben laßen. Den 8. Juli hatt des verstrickten Stieffvatter Arnd Biester ein angeschloßen schreiben von dem Vogten zum Langenhagen Heinrich Clawen übergeben und danebst umb seines Stieffsohns Jobsten Engelcken relaxierung mit vleiß angehalten. Und pleibt derselbe just nach wie vor dabei, das Burchard von Dorn ihnen nicht recht eingenommen, dan seine meinung anders nicht gewesen, als der bericht, den er dabevor dem Vogten zum Langenhagen gethan, und von demselben schriftlich eingeschickt, außweisen thete.

Darauff sind die acta wiederumb nach Helmstett an die löbliche Juristen Fakultät dasselbst verschickt. Die dafür eingekommene Rechtsbelehrung den 2. Augusti eröfnet und derselben zufolge der bestrickte Jobst Engelcke den *eiusdem, wie er inhalts und vermöge der peinlichen Halsgerichtsordnung art. 6 seine atzung bezahlet, gegen leistung eidlich geschworener Urfehde der gefenglichen Hafft hinwieder erlaßen und zu dem seinigen erstattet worden.*

*Siegel*

*Georg Rapen*

Der ganze Prozess gegen Jobst Engelke nahm eine Menge Zeit und Papier in Anspruch. Er endete für ihn nach über einem Jahr Dauer und trotz Folter durch Beinschrauben im letzten Schritt des Verfahrens ziemlich glücklich. Das hatte er vielen Fürsprechern, Bittbriefen[*] aber auch seiner eigenen standhaften Haltung zu verdanken, die das Gericht als Zeichen der Unschuld interpretierte. Deshalb sahen die Gerichtsverordneten von dem Gehänge [s. Abb.], einer schärferen Stufe der Folter, ab und ließen den Gefangenen frei.

Die Anwendung von Folter war Anfang des 17. Jahrhunderts noch durch die Constitutio Criminalis Carolina legitimiert und zugleich begrenzt. So durfte deren Ausmaß nur im Verhältnis zur Schwere der Anschuldigung gewählt werden. Zu dieser Zeit gab es schon viele Stimmen, die sich generell gegen Folter aussprachen. Auch die Richter in unserem Fall gingen nicht unbedacht vor, sondern holten im Fall des armen Be-

---

[*] Darunter Bittschrift des Notarius publicus Justus Heinemeier an Kaiser Matthias im Namen von Arendt Biester, Hans Engelcke, Heinrich Riesenberg zu Langenhagen, Johan Engelcke Bürger zu Hannover, Brüder und Vettern des Jobst E. sowie Jobst Borchers, Gogreve zum Langenhagen.

schuldigten sogar ein juristisches Gutachten der Universität Helmstedt dazu ein. Diese Rechtsbelehrung im Gutachten der Juristen Fakultät der fürstlichen Julius Universität Helmstedt vom 10. Juni 1619, erlaubte die scharfe, peinliche Befragung, jedoch menschlicher Weise. Danach sollte das Urteil nach Ermessen der Fragenden gefällt werden. Die hiesigen Richter hatten sich daran gehalten.

Weitergehende Beschuldigungen - wie der Bericht über eine Mordtat wegen Pferdediebstahls, in dem Hans Baumgarten und Schuster Jobst zum Langenhagen genannt werden – wurden untersucht, spielten aber keine weitere Rolle. (*Brief an Bürgermeister und Rat in Hannover von Bürgermeister und Rat der Stadt Münden dat 25. September 1618*) Man sieht im Überblick des ganzen Strafverfahrens, dass sehr sorgfältig - jedoch innerhalb der Möglichkeiten der Zeit – gehandelt wurde. Dies belegt auch die abschließende Rechtsbelehrung der Fakultät „*... erkenen daruff für Recht, daß gemelter Jobst Engelcke gegen leistung eidlich geschworener Urfehde der gefänglichen Hafft zu erlassen und dem seinigen zu erstatten sey. Von Rechts wegen, Urkundlich mit unsere Facultät insigell versiegelt, Actum in der fürstlichen Julius Universität dem 28. July Anno 1619*".

Die beschworen Urfehde des Jobst Engelcke liegt noch bei den Akten:

*Ich, Jobst Engelcke für mich, meine Erben und freundschafft, geborn und ungeborn, thue kund und gegen menniglich öffentlich bekennen,*

Demnach uff vorgezeigten hafftbrieff deß ambtmanß zu Rotenkirchen, Veitt Lüdemanß, und dabei übergeschickten uhrvicht und bekenntnuß, daß daselbs verstricktem nunmehr aber justificirten Curdten Langen, ich den 27. July verlittenen 1618 Jahres in euer Ernvesten Wolweisen Rhattes gefengliche hafft gerathen. Derselben aber nunmehr uff vorgegengene erkantnuß rechtens heut dato erlaßen worden bin.

Des ich mich demnach dagegen verpflichtett habe, verpflichte mich auch hirmit für mich und meine mitgesetzten, das ich solcher gefengnuß und hafften halber mich an dem durchleuchtigen, hochgeborenen Fürsten und Hern hern Friedrichen Ulrichen zu Braun-schweig und Lüneburg, S. F. g. Erben, Statthal-tern, Cantzlern, Vicecantzlern und Rhetten, Beambten Vogten, Dienern und Underthanen sonderlich aber Hern Bürgermeistern undRhatt alhie, derselben verwandten, Bürgern und Die-nern, so woll auch denjenigen, so dazu ursach thatt, thatt ,hülff und vorschub gethan oder auch gethan zu haben von mir in verdacht ge-zogen werden möchten, in ewigkeitt weder mit wortten noch in der thatt nicht rechnen, noch dieselbe und waß sich darunter begeben und zugetragen anden oder eiffern, sondern mich gegen menniglich aller gepurt und bescheiden-

*heit verhalten und anzeigen soll und will. Al-*
*lermaßen ich deßen zu Gott einem leiblichen*
*und geschehenen und diese uhrfeid gegeben*
*dieselbe auch zur uhrkund und steter vester hal-*
*tung mit eigener handt unterschrieben habe.*
*Geschehen und geben zu Hannover den 6.*
*Augusti Anno 1619*

*Jost Engelken*

Mittels solcher Urfehden wollten sich damals die Verantwortlichen gegen spätere Rache der Gefangenen, speziell der
peinlich Befragten absichern. Auch diese Versicherung lässt
einen Blick in die Natur des damaligen Rechtswesens zu.
Schon der ganze Verlauf des Verfahrens gegen Engelke ver-
deutlicht, dass bestimmte Grundsätze eingehalten wurden. Z.
B. sollte kein Angeklagter ohne Geständnis verurteilt werden.
Außerdem sicherten die umfangreichen Befragungen bzw.
Verhöre ein Mindestmaß der „Wahrheitsfindung". Beim Blick
auf diesen Prozess sind auch die Wirren der damaligen Zeit
beachtlich. Jost Engelke hatte u. a. am Kampf des Landes-
herrn Friedrich Ulrich gegen die Stadt Braunschweig (1615)
teilgenommen. Er scheint auch in Sachen Pferdehandel ziemlich herumgekommen zu sein. Eigenes Kapital dafür besaß er
nicht. Pastor Holste aus der Kircher Bauerschaft hatte ihm
einmal 40 Taler vorgeschossen. Außerdem betätigte sich Engelke wohl mehr als Knecht für den *„Ackermann und Krüger"*
Hans Baumgarten aus Wagenzelle (heute Kaltenweide), der
selber einen kleinen Pferdehandel führte.

## Inhaltsverzeichnis

## Bildernachweis

Alle Bilder, Karten und Grafiken sind - soweit nicht anders vermerkt - Eigentum des Verfassers.

# Quellenangaben

[1] Geographie für alle Stände; Ersten Theils fünftes Buch, Niedersächsischer Kreis, Schickert, Leipzig 1808

[2] E. O. Mentzel, Die Remontierung in der Preußischen Armee in ihrer historischen Entwicklung und jetzigen Gestaltung; Duncker, Berlin 1845

[3] Michaela Fenske, Marktkultur in der Frühen Neuzeit, Wirtschaft, Macht und Unterhaltung auf einem städtischen Jahr- und Viehmarkt, Böhlau Verlag, 2006

[4] Hans-Jürgen Jagau, Fehden im 16. Jahrhundert – Geiselnahme, Brandstiftung, Pferdemord, Paperback, 132 Seiten, ISBN 978-3-7347-7393-8

[5] Hann.74 Burgdorf I Nr. 1202 Acta betreffend den Pferdehandel 1630 bis 1848: Zoll von den Pferden, dessen Zuschlag und dessen Aufhebung, Verordnungen wegen des Zolles von Pferden, derselben Zuschlages verbothener Aus- und Durchfuhren, auch dessen Aufhebung. Imgleichen dass die Koppel-Pferde Praecise ihren Weg auff Zelle nehmen sollen.

[6] NLA Hann. 93 Nr. 996 Intercessionales für die hiesigen Roßhändler Caspar Schuman und Johann Friedrich Peters 1735

[7] NLA HStA Hann. 27 Hildesheim Nr. 40

[8] NLA Hann. 9e Nr. 574 Pferdelieferungen an Frankreich und Österreich 1755 1757

[9] NLA Hann. 9e Nr. 578 Verordnungen wegen der Ausfuhr von Pferden 1757

[10] NLA Hann. 74 Burgdorf I Nr. 1202 Acta betreffend den Pferdehandel 1630 bis 1848

[11] NLA Hann. 92 Nr. 1572 Die von dem Rosshändler Eicke zu Langenhagen intendierte Pferdelieferung an das französische Gouvernement 1796

[12] Cal Br. 2 Nr, 1390 Abthuung des bey den jährlichen Pferdemärkten in Langenhagen vorfallenden Mißbrauchs, da die Pferde in den Ställen vor dem Markt verkauft werden 1670

[13] Cal. Br. 2 Nr. 1356 Zöllner und Pferdehändler Beschwerde über angelegte Jahrmärkte zu Burgwedel 1697

[14] Dep. 7 B Nr. 1938 Viehmärkte betreffend

[15] Hann.74 Burgdorf I Nr. 1202 Acta betreffend den Pferdehandel 1630 bis 1848

[16] Hann. 74 Hannover-Langenhagen Nr. 690 Generalia Jahrmärkte 1688 bis 1856

[17] Knigge, Über den Umgang mit Menschen, München 1984 S. 300

[18] Hann. 152 Acc 34/80 Nr. 24, Bericht des verstrickten Jobsten Engelcken zum Langenhagen wird deßen gegen eine schriftlich ausgestellte Urfehde erlassung belangend, Ao 1618